Martin Kähler

Unser Streit um die Bibel

Martin Kähler

Unser Streit um die Bibel

ISBN/EAN: 9783744610056

Hergestellt in Europa, USA, Kanada, Australien, Japan

Cover: Foto ©Lupo / pixelio.de

Weitere Bücher finden Sie auf **www.hansebooks.com**

A. Deichert'sche Verlagsbuchhandlung Nachf. (Georg Böhme), Leipzig.

Kierkegaard, Zur Selbstprüfung der Gegenwart empfohlen. 4. Aufl. 1 Mk.

— —, Furcht und Zittern. 1 Mk. 60 Pf.

Köhler, Prof. D. A., Lehrbuch der biblischen Geschichte des Alten Testamentes. I., II. 1. à 8 Mk. II. 2. 1. 3 Mk. II. 2. 2. 2 Mk. 80 Pf. II. 2. 3. (Schluß) 7 Mk. 50 Pf.

— —, Die nachexilischen Propheten. 4 Abtlgn. I. Haggai 1 Mk. 60 Pf.; II. Sacharja. 1. Hälfte 2 Mk. 80 Pf.; III. Sacharja. 2. Hälfte 4 Mk.; IV. Maleachi 2 Mk. 40 Pf.

— —, Über Berichtigung der Lutherschen Bibelübersetzung. Ein Wort zur Verständigung an die Gemeinden. 25 Pf.

— —, Über Berechtigung der Kritik des Alten Testamentes. (Neu!) $4\frac{1}{2}$ Bg. 1 Mk.

Kolde, Professor D. Th., Die Loci communes Philipp Melanchthons in ihrer Urgestalt nach G. L. Plitt. **2.** Aufl. 3 Mk. 50 Pf.

— —, Über Grenzen des historischen Erkennens und der Objektivität des Geschichtsschreibers. 2. Abdr. 1891. 60 Pf.

— —, Der Methodismus und seine Bekämpfung. 60 Pf.

— —, Die Heilsarmee („The Salvation Army") nach eigener Anschauung und nach ihren Schriften. 1 Mk. 50 Pf.

König, Prof. D. E., Der Glaubensakt des Christen nach Begriff und Fundament von neuem untersucht. 3 Mk.

—, —, Die letzte Instanz des biblischen Glaubens. 60 Pf.

Löber, Hofprediger D. R., Gottesgedanken. Nicht populär, sondern einfach. 4 Mk.

—, —, Die Gemeinde Jesu Christi im Anbruch einer großen Zukunft. 60 Pf.

Unser Streit um die Bibel.

Vorläufiges

zur Verständigung und Beruhigung

für „Bibelverehrer"

von

einem der ihrigen,

Martin Kähler,
D. u. Prof. d. Theol.

Das Wort steht fest; der unbedachte
Mensch gleitet vorbei.
Bengel zu Hebr. 2, 1.

2. unveränderte Auflage.

Leipzig.
A. Deichert'sche Verlagsbuchhandlung Nachf.
(Georg Böhme).
1895.

Inhalt.

	Seite
An und für wen schreibe ich?	1
Worüber streiten wir?	3
Mit wem streiten wir?	8
Wofür streiten wir?	10

 Für den Rechtsgrund der evangelischen Kirchen S. 12; für Maßstab und Quell der Predigt S. 18; für das Gnadenmittel jedes Christen S. 21; für die Thatoffenbarung Gottes S. 24.

Wofür streiten wir nicht?	28

 Für die alte Inspirationslehre, denn sie ist nicht die neutestamentliche S. 28; sie hat nicht geleistet, was sie sollte S. 33, sie stellt eine unlösbare Aufgabe S. 34; sie ist entbehrlich S. 36.

Wogegen streiten wir?	44

 Gegen Entwertung S. 44; und Zerreißung der Bibel S. 46; gegen ihre einseitige Schätzung als Erbauungsmittel S. 48.

Wogegen streiten wir nicht?	51

 Gegen die Bibel-Kritik S. 51; wenn auch gegen eine Art von Kritik der biblischen Geschichte S. 55; auch nicht gegen ihre Mitteilung im akademischen Unterrichte S. 57.

Weshalb streiten wir?	61

 Nicht aus Autoritätsglauben S. 61; und Gewohnheitschristentum S. 62; sondern aus und um Vertrauen zur Bibel S. 64; ohne der Gewissenhaftigkeit um der Zweckmäßigkeit willen etwas abzuziehen S. 67.

Wie streiten wir?	70

 Unverdrossen S. 70; ungereizt S. 71; nicht in kirchlicher Scheidung S. 75; durch treue Arbeit an der Bibel S. 77.

An und für wen schreibe ich?

Gottfried Menken in Bremen, der reformierte Prediger, den eine lutherische Fakultät zum Doktor der Heiligen Schrift ernannt hat, war ein Führer, als es galt, von „der geistlosesten Ketzerei", dem „vulgären" Rationalismus*) zu einer selbständigeren und lebendigeren Christlichkeit zu gelangen. Manchen seiner Zeitgenossen erschloß er den Sinn für den Reichtum der Bibel und für das selbständige Suchen in ihr, zugleich aber namentlich für die darin enthaltene Geschichte, in der Gott zu uns redet und zu uns kommt; so hat sein Wort weit gewirkt, auch auf führende Geister in der Theologie. Seine Stellung findet nun darin einen kennzeichnenden Ausdruck, daß er mit seinen Lesern gern unter dem Namen von „Bibelverehrern" verhandelt. Von ihm also entlehne ich die Bezeichnung für diejenigen Leser, die ich mir wünsche.

Wohl weiß ich, daß gerade im Westen noch manche das Andenken Menkens ehren. Aber ich meine doch nicht sie allein. Der Zug christlicher Art, der sich in der Bezeichnung „Bibelverehrer" ausdrückt, geht durch unsre ganze positive Richtung in der mittleren Zeit des Jahrhunderts; er ist gepflegt von Hengstenberg, wie von A. Neander, Tholuck und Jul. Müller, von der Erlanger Theologen-Schule, wie von den Württemberger Pietisten; er ist

---

*) Schilderung von Wilkens in seinem Leben Mallets.

Worüber streiten wir?

Wir streiten über die Bibel.

Das ist ja der alte Streit mit Rom; nun aber streiten die Protestanten untereinander. Wie ist das so gekommen?

Vor etlichen Jahren rief Pfarrer Schrempf in Württemberg viel Teilnahme wach. Er schied aus dem Dienst seiner Kirche, weil er meinte, als aufrichtiger Mann könne er das apostolische Symbol in Amtshandlungen nicht brauchen. Besonders wurden die jungen Männer erregt, die sich für das geistliche Amt rüsteten. Die Jugend kennt das Leben der Kirche noch nicht mit seinen vielen Abstufungen und ebenso vielen Übergängen, mit seinem nicht zu sondernden Ineinander von Weizen und Afterweizen, mit dem Nebeneinander von „noch nicht" und „nicht mehr" neben den reichen Arten und Graden des geistlichen Besitzes. Sie neigt an sich zum schroffen „entweder — oder". Und in der Furcht vor der Knechtschaft unter den Buchstaben pflegt sie selbst peinliche Buch=stäblichkeit, ebenda wo sie ablehnt. Solche Jugend der Uner=fahrenheit, des Urteilens nach bloßen Begriffen erhält sich aber bisweilen merkwürdig lang. Die Beunruhigung der akademisch-theologischen Jugend veranlaßte eine Äußerung von D. Adolf Harnack. Es gab einen Streit über das Bekenntnis. Bald aber kam an das Licht, der Gegenstand sei eigentlich doch nicht die Frage: Bekenntnis oder keines? Dahinter erhob sich die andre: welchen

Wert haben Thatsachen für den Glauben? Und zwar war das keine Doktorfrage nach allgemeinen Möglichkeiten; sondern die umstrittenen Thatsachen hießen: übernatürliche Geburt Jesu, Auferstehung, Himmelfahrt, Wiederkunft. Die drei ersten sind nun zwar für einen altgläubigen Christen thatsächliche Thatsachen,*) aber keinenfalls geschichtliche Thatsachen, wie man sie sonst in der Geschichte antrifft. Denn sie sind in ihrer Ursache und in ihren wesentlichen Wirkungen nicht in den geschichtlichen Zusammenhang eingeschlossen. Dagegen sind sie zweifellos biblische Thatsachen, und wie alle vergangenen Ereignisse, so sind auch diese uns nur durch Überlieferung, durch das Zeugnis der Bibel bekannt.

Hinter dem Streit um das Bekenntnis enthüllt sich mithin als eigentlicher Kern der Streit um die Bibel. Und neuerdings taucht er nicht nur von fern her auf, für Scharfsichtige hinter andern Bewegungen erkennbar; er ist längst unleugbar und unabweisbar entbrannt und beunruhigt die Christen, die keine Theologie treiben, stärker als die Fachleute. Es ist durchaus nicht bloß eine Landschaft davon betroffen, oder nur ein einzelner Anlaß dafür vorhanden. Wie Württemberg oder die rheinisch-westfälische Kirche, so hat die Baseler Missionsgemeinde ihren Streit. Und wo er nicht lodert, kann er jeden Tag entbrennen, denn es glimmt überall unter der Decke. In der That ist das aber gar nicht erst seit gestern so.

Vor einem halben Jahrhundert schon wurde die Losung unter den Lichtfreunden ausgegeben: „Ob Schrift, ob Geist?" Das war der letzte Nachklang jener Erschütterung, die vor gerade sechs Jahrzehnten die Evangelischen ergriff, als David Strauß alle Erzählungen von Jesu für eine religiöse Dichtung erklärte. Dreißig Jahre später nahm er das selbst zurück; aber seine andersartige Kritik trat hinter dem Eindrucke zurück, welchen die Versuche von Schenkel und von Renan machten, aus dem angeblichen

---

*) Es versteht sich wohl von selbst, daß die Wiederkunft Christi im Folgenden aus der Betrachtung nur deshalb ausscheidet, weil sie Gegenstand der Hoffnung ist, deren wir „durch Geduld harren" Röm. 8, 24. 25, also keine geschehene Thatsache.

Schutt unsicherer Überlieferungen den historischen Jesus heraus zu graben. Der Schrecken war damals in der Kirche geringer im Vergleich mit jenem ersten Anstoß, jedoch die Erbitterung kaum. Die Älteren unter uns erinnern sich noch der „Schenkel=Proteste". Im Augenblick steht das Alte Testament wohl im Vordergrunde der Verhandlungen; wie David Strauß unsre Evangelien zu dichterischen Einkleidungen religiöser Vorstellungen machte, so widerfährt das nun jenen Erzählungen aus der Urzeit, an denen wir von Kind auf gebildet sind, weil gerade auf sie das Neue Testament immer wieder zurück weist.*)

Ein solcher Rückblick kann zur Beruhigung dienen; man sieht, daß es nichts Neues, Unerhörtes sei, mit dem wir uns auseinanderzusetzen haben. Man könnte im voraus sagen, die Beunruhigung werde ohne ernsten Schaden, ja mit manchen fördernden Wirkungen vorübergehen wie die vor sechzig Jahren; und damals hat es sich doch um Kern und Stern unsres Glaubens gehandelt. Wer sich indes durch die Aussicht auf solchen nur möglichen Ausgang nicht könnte beruhigen lassen, der müßte doch aus der Umschau lernen, daß es sich um eine ernste notwendige Sache handle. Die Bewegung entstammt nicht einer leichtfertigen Willkürlichkeit einzelner Männer, die sich etwa in ihre Gedanken= und Gesichtskreise gebannt, nicht scheuen, uns in unsrer hoch nötigen Christenarbeit an den Aufgaben der Zeit und am eignen Leben zu stören. Was uns seit Jahrzehnten immer wieder so tief eingreifend entgegentritt, das ist jedenfalls ein Kampf, der uns von Gott verordnet ist, und dem wir nicht mißmutig den Rücken zuwenden dürfen.

Es ist, so will michs bedünken, gut, daß der Gegenstand des Kampfes derjenige Besitz der Christenheit ist, dessen unvergleich=

---

*) Matth. 3, 9. 8, 11. 19, 4 f. 22, 32. 23, 35. Luk. 1, 55. 73. 13, 16. 28. 16, 22 f. 19, 9. Joh. 8, 33 f. 56 f. Apostelgesch. 3, 13. 7, 2 f. Röm. 4, 1 f. 5, 12 f. 9, 7 f. 1. Kor. 11, 7 f. 15, 21. 45 f. 2. Kor. 11, 3. Gal. 3, 6—29. 4, 21 f. Eph. 5, 31. 1. Tim. 2, 13. Ebr. 6, 13. 11, 3 f. 12, 24. Jak. 2, 21 f. 1. Petr. 3, 6. 2. Petr. 2, 6. Judä 11. 1. Joh. 3, 12.

liche Bedeutung jedem einleuchten muß, wie er sich auch mit seinem Glauben zu ihm stelle. Wir Protestanten sollen nicht darüber klagen, sondern es in der Ordnung finden, wenn die Bewegung nicht innerhalb der theologischen Verhandlungen beschlossen bleibt, sondern auch die „Laien" ergriffen werden. Sollen sie raten und thaten in der Kirche und für sie, und haben sie die Schlüssel für die entbehrlichen Schätze in Händen, so ist es auch ihr Recht, die unentbehrlichen Güter zu kennen und zu hüten, von denen die Kirche lebt und von denen die Christen leben.

Es ist gut, so will es uns bedünken, — jedenfalls ist es uns nach Gottes Fügung oder, wenn andre das lieber sagen, unter Gottes Zulassung beschieden, um die Bibel zu streiten. Gerade weil es „die Bibel in der Westentasche" gibt; gerade, weil man sich aufmachen muß, um für diejenigen unter den Gemeindegliedern, denen nur der Abhub aller Schriftstellerei zugeführt wird, die Verleumdungen der Bibel nach Kräften unwirksam zu machen, gerade darum ist es gut, daß der Kampf um die Bibel allen Christen auf die Seele gelegt wird, denen ihr Christentum Herzenssache ist. Machen wir es uns klar: Die Schlachtlinie ist unübersehbar lang, wie in den Treffen unsrer letzten Kriege; sie reicht von den kunstvollsten und schwer gelehrten Untersuchungen, die allein Fachleute verfolgen können, hinein bis in die Winkelblätter und Hintertreppenromane. Was jeder überblickt, das ist immer nur ein einzelnes Stück, vielleicht nur eine Episode, des großen, umfassenden Kampfes. Da ist es dann gewiß für unser Verhalten wichtig, daß wir klar vor uns haben, worum es sich letztlich handelt. Es ist ja nicht lange her, als wir gelegentlich der Lutherfeiern auch das große Werk der Bibelübersetzung einander vorgeführt und gepriesen haben. Bei der Gelegenheit ist es der evangelischen Christenheit Deutschlands ans Herz gelegt, wie ihre führenden Männer und die ersten Geschlechter dieses Gut geschätzt haben. Geht es nun etwa darum, ob die aufgeschlagene Bibel den Platz auf der Kanzel und unter dem Kruzifix auf dem Altare behalten soll oder nicht, geht es um die Gründung auf das geschriebene Wort, dann ist es gewiß ein ernster Gang, für den sich alle nach Kräften rüsten müssen.

Und ernst genug bleibt er auch dann, wenn man noch nicht danach trachtet, den Leuchter von der Stelle zu rücken oder unter den Scheffel zu stellen. Auch die Frage ist wichtig genug: wie stehen wir zu unsrer Bibel? was gibt und was gilt sie uns? Es muß ja nicht ein Streit zwischen Freunden und Gegnern der Bibel sein. Man hat sich auch in den Tagen der Reformation zuerst beidenteils auf die Heilige Schrift berufen, und auch später haben die Römischen das Ansehen der Schrift nicht geleugnet, sondern mehr umgangen. Die Losungen haben dann wider einander gelautet: hier „Bibel und auslegende Überlieferung", dort „Bibel wider menschliche Satzungen". Es kann auch jetzt ein Streit zwischen Christen sein, die beiderseits die Bibel als hohes Gut der Evangelischen schätzen, nur über Art und Maß der Schätzung kommen sie nicht überein. Und das kann dann vielleicht einen Unterschied ergeben, nicht minder trennend, als der zwischen Rom und uns.

Ein Kampf ist es, bei dem alle beteiligt sind; da wäre es übel, wenn es zu einem wirren Handgemenge geriete, bei dem die meisten bald kaum noch wissen, worum, wofür sie eigentlich streiten. Geordneter Kampf allein führt zu entscheidendem Ausgange. Deshalb ist es nötig, daß diejenigen sich zusammenfinden, die zu einander gehören; und zu dem Ende bedarf es einer deutlichen Verständigung über das, was man verfechten will. Zu einer Übereinkunft hierüber wird es eben nur bei einem Teile aller derer kommen, die an dem Kampfe beteiligt sind. Es ist aber wichtig, daß nicht nur kleine Häuflein mit Sondermeinungen sich zusammenfinden, sondern daß die „Bibelverehrer" womöglich übereinkommen. Behufs dieser Verständigung ist aber eine Vorfrage zu erledigen.

Mit wem streiten wir?

Für dieses Mal weder mit den Römischen, noch mit den feinen und groben Gegnern im Westentaschenformat. Zwar gemahnt uns in der Lage manches an den Kampf, der die Grenzen decken soll, hier gegen den römischen Aberglauben an Menschenfund und Menschenkönnen von angeblich übermenschlichem Werte, dort gegen den groben Unglauben, der sich nur zu dem Greifbaren und Sichtbaren bekennt. Allein für dieses Mal ist es ein häuslicher Streit; und es scheint, er muß ausgetragen sein, damit er uns in jenen Grenzfehden nicht lähme. Verstehe ich die Unruhe recht, die weithin die Gemüter ergreift, dann wird es so stehen. Unbehagen und Sorge regt sich über einer Art, von der Bibel zu reden und mit ihr umzugehen, als sei sie lediglich ein altes frommes, aber trügliches Menschenwerk; über ein Verfahren, welches um so unehrerbietiger mit ihr umzuspringen scheint, als es ihm darum geht, die von der Väter Zeit her herrschende Ehrfurcht zu entwurzeln. Mit denen streiten wir, welche die Arbeit an der Bibel zu ihrem Geschäfte machen, gewiß großenteils aus Anhänglichkeit an sie, und darum ihr Urteil zur Geltung bringen wollen, und die doch — unabsichtlich oder absichtlich — uns die Bibel nicht Gottes Wort sein lassen.

Es soll sorgfältig geredet sein, deshalb setzen wir den Fall des Unabsichtlichen und heben unser Urteil dabei heraus. Wir wissen uns mit der Christenheit seit alten Zeiten eins in unsrer Zuversicht zu dem geschriebenen Gotteswort und sind nicht gesonnen, uns den festen Grund rauben zu lassen in dem: „es stehet geschrieben". Das ist gewiß zunächst eine sehr ohngefähre Bestimmung, denn es gibt mancherlei Arten, diese Zuversicht zu begründen und näher zu bestimmen; zwischen denen, die sie teilen hat auch schon öfter mancher häusliche Streit gelobert, und das wird schwerlich jetzt ganz aufhören. Eben darum sind wir bereit, in den Streit einzutreten. Vorbehaltlich aber einer genaueren Fassung des Sinnes, bekennen wir uns zu der Überzeugung, an der Heiligen Schrift Gottes Wort an uns zu besitzen; und nicht bloß die menschliche Überlieferung von bereinst laut gewordenem Gottesworte. Dann gelangte in ihr lediglich ein wohl oder übel geratener Nachklang zu uns, aus dem wir nun das Echte erst kunstvoll heraushören und die wahre Tonfolge wiederherstellen müssen; während uns jede Umsetzung des Inhaltes unsrer Bibel etwas von der unersetzlichen Tonfarbe des Ursprünglichen nimmt.

Wofür streiten wir?

Für die Bibel! Gewiß, aber damit ist keine Klarheit geschafft. Abschaffen will ja die Bibel in unsern Kirchen niemand, und nur sehr zaghaft sind bisher Stimmen mit dem Rate laut geworden, sie für die Predigt ganz außer Gebrauch zu setzen. Einem Versuche der Abschaffung dürften wir übrigens mit sehr getrostem Mute zusehen. In der letzten großen Verfolgung, welche ein römischer Kaiser über die Kirche verhängte, wurden den Christen ihre Bücher abgefordert, und zahlreich waren die Gemeindeglieder, welche als „Auslieferer" der Kirchenstrafe verfielen; bald nachdem wieder Ruhe eingetreten war, konnte bezeugt werden, die Gemeinden seien dadurch im Grunde an Bibeln nicht ärmer geworden. Und heute?! Dieses Buch, das in 230 Sprachen und Dialekte der Menschen übersetzt ist; dieses Buch, an dem alle modernen Völker gelernt haben zu schriftstellern, und dessen Schatz von Anschauungen und Bildern das ganze Dichten und Denken der geschichtlichen Menschheit seit fünfzehn Jahrhunderten durchzieht — wer will es abschaffen? Ja, um seiner geschichtlichen Stellung willen könnte man die plumpe Verunglimpfung dieses Buches durch die Pöbelpresse ruhig gehen lassen. Indes, wir sorgen um etwas andres. Was die Herzen dabei erregt und die Federn bewegt, das ist doch das Mitleid mit den Armen, denen das Evangelium gehört (Matth. 11, 5) und denen es entleibet wird.

Und darum streiten wir eigentlich nicht für die Bibel, sondern für uns, für uns selbst und für das, was wir an unsrer Bibel haben, und was wir andern gönnen, ebenfalls und ebenso an ihr zu haben. Sagen wir es geradezu: für unsern Glauben an die Bibel streiten wir.

Es ist freilich nicht ganz genau gesprochen, wenn wir von einem Glauben an die Bibel reden. Denn glauben im vollen und eigentlichen Sinne, das ist: unser Vertrauen im Leben und Sterben auf etwas setzen, das dürfen wir nach dem ersten Gebot nur an und auf Gott, und so können wir auch nur an ihn glauben. Eben deshalb bekennen wir uns zur Gottheit unsers Herrn und Heilandes. Nun aber bekennen wir auch einen Glauben in betreff der Kirche, wenn wir mit dem Augsburgischen Bekenntnisse lehren, daß die eine heilige Kirche immerdar bleiben wird; unterliegt doch von dieser Aussage kein Stück der Erfahrung. Und was von der Kirche, das gilt ganz entsprechend auch von der Bibel. Sagen wir also sorgfältiger: wir streiten für das Verhältnis, in dem uns unser Glaube zur Bibel steht, und damit für die unvergleichliche Bedeutung, welche wir unsrer Bibel für unsern Glauben beimessen.

Dieser (ungenau sogenannte) Glaube an die Heilige Schrift ist nun laut unsers Neuen Testamentes so alt wie die Christenheit. Er hat sehr verschiedenen Ausdruck gefunden. Und es geht ja in kirchlichen Dingen oftmals so, daß man, während man die Sache meint, um die Form streitet; daß man noch um den aus der Denk- und Redeweise der Zeit und aus den Umständen erwachsenen Ausdruck rechtet, nachdem jene äußeren Zusätze längst ihre Bedeutung verloren haben, ja vielleicht als irrig erwiesen waren. Deshalb wird es für unsern Streit, für die Sicherheit seiner Führung und für den endlichen Erfolg von der größesten Wichtigkeit sein, daß wir uns recht genau darüber Rechenschaft geben, was denn wohl in unserm Verhältnisse zur Bibel uns das Wesentliche und Unentbehrliche sei, weil es unsern Glauben weckt und trägt. Dabei dürfen wir freilich nicht in Selbstüberschätzung nur nach uns einzelnen fragen und uns einzelne ohne weiteres zum Maß der andern machen; wir dürfen namentlich nie vergessen, daß nach Luthers Einsicht die Bibel das Buch sei, von Gott dem Heiligen Geist seiner Kirchen gegeben.*)

Versuche ich drum dies Unentbehrliche kurz und scharf zusammenzufassen!
Wir können nicht daran geben:
1. Die Bibel als den Rechtsgrund unsres evangelischen Bekenntnisses wider die Priesterkirchen, aber auch wider die Schwärmer;
2. die Bibel als Maßstab und Quell der öffentlichen Verkündigung;
3. die Unabhängigkeit jedes Christen in seinem Gebrauche der Heiligen Schrift als des Gnadenmittels;
4. die Bibel als That- und Sachbeweis für die geschichtliche Offenbarung Gottes.

Dafür streiten wir. Damit ist aber nicht gesagt, daß alle, mit denen wir im Streite liegen, wider diese Sätze streiten, gewiß nicht alle Gegner gegen alle Sätze. Hier heben wir nicht das gerade Strittige allein heraus, vielmehr liegt alles daran, daß wir uns die Güter klar vor die Seele stellen, um die zu streiten es lohnt. Je richtiger sie gegriffen sind, um so gewisser wird der Streit zum Frieden führen. Die deutsche Einheit ist auch nicht ohne Krieg gewonnen und jeder hat darin manches daran geben müssen.

Jene kurzen Bestimmungen bedürfen allerdings einer weiteren Verständigung. Wir gehen dabei von dem, so zu sagen, Handgreiflichen aus, von solchem, welchem sich eigentlich niemand ent-

---

*) Erl. A. 26, S. 100: „Die Heilige Schrift ist das Buch, von Gott d. H. Geist seiner Kirchen gegeben, darin sie lernen muß, was sie sei, was sie thun, was sie leiden, wo sie bleiben soll. Wo das Buch endet, da endet die Kirche, denn er sagt: fremder Stimme werde seine Kirche nicht hören Joh. 10, 5; das ist genug geredet und fest genug beschlossen und versiegelt wider alle Pforten der Hölle, Matth. 16, 18."

ziehen kann, und schreiten dann zu den verborgeneren, schwieriger zu fassenden, aber auch entscheidenderen Beziehungen fort.

———

1. Die Zeitumstände sehen wahrlich nicht darnach aus, daß wir unsre Schutz- und Trutzwehr für das evangelische Bekenntnis dürften rosten und verderben lassen. Die byzantinische Kirche russischer Nation zertritt die deutschen Lutheraner im Osten; und der Ton, in welchem das Zentrum die Parität in Deutschland verspricht, ist gewiß nach der Lage gemodelt, trotzdem indes nicht eben viel verheißend. Aus der Encyklika des vorigen Papstes wissen wir zur Genüge, was wir zu gewärtigen haben. Gedenken wir der Tage von Lourdes und von Trier, so können wir uns ausreichend überzeugen, daß es mit den „hellen Gründen der Vernunft" allein, mit Verstandesurteil und scharfem Spott in diesen Dingen nicht gethan ist. An Aufklärung und Freidenken hat es in Frankreich bei allen Konfessionen wahrlich nicht gefehlt. Nach dem großen Zusammenbruch 1871 gaben nun unsre Brüder dort die Losung aus: „man muß ganz Frankreich evangelisieren"; aber seit drei oder vier Jahrzehnten sollen die Protestanten dort um fünfzigtausend abgenommen haben; der staatlich gepflegte Kampf wider den Aberglauben hat dem Protestantismus nicht zum Siege geholfen und die Anziehungskraft der mechanischen Religionsübung nicht geschwächt. Vor die „hellen Gründe der Vernunft" muß wie zu Worms das Wort Gottes treten; das richtet es aus; das ist das Zepter des unsichtbaren Königs, welches Gott aus Zion sendet (Psalm 110; Joh. 18, 37). Das Wort Gottes aber, auf welches sich zu Worms der einsame Mönch gegen seine ganze Mitwelt stellte, das war nicht ein Gefühlsdrang oder eine einzelne Eingebung, sondern es war das überlieferte geschriebene Wort, dessen tiefstes Verständnis ihm aufgegangen, und von dem erfüllt sein Herz und Sinn zur Gewißheit gelangt, in dem sein Gewissen fortan gebunden war. Und das ist dasselbe geschriebene Wort, welches er nachmals den Zwickauer Propheten entgegenhielt. Von da ab galt es bei uns, daß alle

Christlichkeit sich an dieser Grundurkunde auszuweisen habe, und daß die Abweichungen dem „richterlichen Ansehen" dieser Schrift zu unterstellen seien, wenn es sich fragt, was Christentum sei oder nicht. Können wir dessen heute entraten? Sehen wir uns doch um, mit wem wir es zu thun haben!

Stolz auf die „orthodoxe" Bewahrung der Wahrheit schätzt die „älteste" Kirche, die byzantinisch=slavische, ihre abgefallenen modernen Schwestern des Westens, die römische eingeschlossen, gering, und zieht die Huldigung der hochkirchlich Bischöflichen unter den Engländern auf sich. Die Römischen aber haben, mit oder wider Willen, vor unsern Augen in der Definition der Unfehlbarkeit dem hohen Papstworte zugestimmt: „Die Überlieferung bin ich". Der Schein der unwandelbaren Einheit über Zeit und Raum hin macht den Zauber aus, mit dem beide Kirchen die Gemüter fesseln. Vergleicht man mit jener großartigen Sicherheit, in der die Maschinerie der Hierarchie arbeitet, die Zerfahrenheit des Protestantismus in allen Formen und Bethätigungen seines Lebens und seines Denkens, dann mögen den Sorglichen wohl bange Gedanken anwandeln. An jener Zerfahrenheit haben alle ihre Freude, welche an einer religiösen Wahrheit zweifeln und nur begehren, sich möglichst ungebunden bewegen zu können; dagegen die Herzen, die nach einem Halt suchen, geraten in Verwirrung, und das Angebot von drüben, die Anpreisung ungebrochener Überlieferung macht doppelten Eindruck. Wahrlich sind es heutzutage nicht politische Machtmittel, denen Rom zumeist seine andringenden Fortschritte verdankt; und wo Politik ihm dient, da dient sie ihm eben deshalb, weil es ohne sie eine Macht ist. Wider seine Eroberungskünste helfen darum auch keine politischen Mittel. Verlieren wir die getroste Zuversicht zu jenem Richterstuhl, vor den einst die Reformatoren die Päpstischen riefen; dürfen wir Römischen wie Griechischen nicht mehr vorhalten: „wir sind älter als ihr; wir sind evangelisch, wir sind biblisch", dann haben wir als Christen den Rechtsstreit verloren. Wir werden den Kampf mit geschlagenem Gewissen führen müssen und wir werden die Macht über die heilsbedürftigen, um die Wahrheit geängsteten Gemüter verloren haben.

Oder meinen wir wirklich, es mit dem „Suchen nach Wahrheit", mit der Hoffnung und der Zusage „unendlicher Annäherung" an sie und mit leidenschaftlicher „Wahrhaftigkeit" ausrichten zu können? Die Kritik und Archäologie der Humanisten hat diese Wissenschaftsmänner vor Luthers Auftreten bekanntlich nicht mehr zu Reformatoren gemacht als ehedem die mystizistischen Scholastiker ihr ehrlicher Ernst. Auch die Inspirierten haben keine durchschlagende Geisterbewegung geschaffen, mag man ihrem Auftreten auch manche einzelne Anregung verdanken. Wenn sie ihre rein innerlich gewonnene Gewißheit samt den Anschauungen, welche sie mit derselben umfaßten, dem geschichtlichen Christentum an die Seite und je nachdem gegenüberstellten, so hat ihre Innigkeit und ihre Freiheit, ihr scharfes Urteil über zu Unrecht geduldete Übungen, ihre lebhafte Verwerfung alles festen Bestandes und ihr ungeduldiges Hasten nach vollkommenen Zuständen allzeit etwas überaus Bestechendes und Verlockendes für fromme Seelen und mutige Herzen gehabt. Die Reformatoren widerstanden dieser Verführung und hießen solche Leute Enthusiasten; wir nennen sie Schwärmer. Wo aber liegt die Grenze zwischen ihnen und uns, falls der Glaube nur die Erregung des Gemütes und jede Aussage seines Inhaltes unzureichende Beschreibung ist? wenn solche Aussage höchstens für den volle Geltung hat, der sie gibt? wenn schon von der Apostel Wort gelten soll, daß es halb unzureichende Andeutung, halb theologisch verkehrende Verschlackung des Inhaltes mit fremden Zusätzen sei? Nur derjenige Christ wird sich dann den Zumutungen jener Schwärmer entziehen können, der sich genügsam in sein eigenes frommes Leben zurückzieht und einen jeden seines Glaubens leben läßt, in dem Sinne, wie dieses Apostelwort sprichwörtlich mißdeutet zu werden pflegt. Er ist dann derselbe Subjektivist wie die rührigen Schwärmer, nur daß es ihm an der Zuversicht oder an dem Temperament fehlt, um zu zeugen und zu werben. Wer aber dem Sohne zutraut, daß allein er durch die Wahrheit frei macht, die er ist (Joh. 8, 36. 14, 6), dem gilt es als Übertretung des zweiten königlichen Gebotes, den Nächsten auf seine Gefahr seines Glaubens leben und seinem Irrtum folgen zu lassen.

Starre Überlieferung und halbbewußte unredliche Unterwerfung auf der einen Seite, auf der andern aufrichtige Lebendigkeit und rüstiger Fortschritt, so bildet sich in der Vorstellung vieler der Gegensatz zwischen „katholisch" und „protestantisch" ab, nicht minder in seinen Ursprungszeiten als in der Gegenwart. Allein das ist ein Irrtum, der eine Hülle über das Entscheidende deckt. Der bezeichnete Gegensatz ist ein rein formaler; er bezeichnet nur die alle Zeit in der Geschichte ringenden Mächte, unter deren Kampf die inhaltlich verschieden gearteten Zeitläufte einander ablösen. In dieser fortgehenden Abwechselung ist heute Überlieferung, was gestern Fortschritt war. Und so war eben jenes römische Wesen, was die Reformation angriff, etliche Zeit zuvor „modern" gewesen und manches hatte auch sogar so geheißen, und mindestens schon dem 18. Jahrhundert kam die Reformation veraltet vor. Teilt man jene abgelehnte Anschauung, dann erscheinen die von Luther und seinen Genossen abgewiesenen Enthusiasten als die Sturmvögel, die den durch den Frost reformatorischer Besonnenheit aufgehaltenen Frühling ankündigen; dann gibt es auch in der Kirche nur ein unaufhörliches Fortgleiten auf dem abwechselnd steigenden und fallenden Strome der ewig selben und ewig andern Entwickelung; nur Hegelische oder, wie man will, Darwinische Entwickelung. Aber Luther wie Paulus*) hat nicht dem Alten das Neue, nicht dem geschichtlich Gewachsenen die bloße Innerlichkeit, dem „Objektiven" das „Subjektive" entgegengestellt. Was Luther seinen Mut gab, das war seine Zuversicht, er habe in alle Geschichte hinein ein Ewiges, für alle Überlast des menschlich Gewordenen und Erfundenen das Wort Gottes, das ewiglich bleibet, zu bieten. Ohne alles Geschick zum kirchlichen Gestalten, zur Leitung wie der Spitzen so der Massen, ohne alle Fähigkeit

---

*) P. stellt dem Zwischeneingekommenen das Älteste göttlicher Offenbarung entgegen, Gal. 3, 17 f. vergl. Röm. 5, 20.

und Lust zu kirchlicher Opportunitätspolitik besaß er keine Kraft, geschichtliche Gebilde zu schaffen; wenn er doch störend in den Bestand eingriff, so war er sich seines Rechtes bewußt, für ein höheres Gut einzutreten als für Geschichtlich-Menschliches. Seine Kirchen, die ihm die deutsche Bibel danken, haben ihn nie anders bilden mögen als mit der Bibel in der Hand. Daß er mit dem Schlüssel zum Verständnis des geschriebenen Gotteswortes auch die Zuversicht zu seiner unbedingten Geltung gewann und darbot, das hat ihm die unwiderstehliche Wirkungsmacht gegeben, das hat ihn zum „Propheten", zum universalen Reformator gemacht. Deshalb haben die Protestanten den Engel in der Apokalypse, der mit dem ewigen Evangelium durch den Himmel fliegt, gern auf Luther gedeutet.

Die Fortschreitenden wollen ihre Religion in die Tiefen ihrer Herzen bergen; in der zarten Gestalt ungreifbarer innerer Eindrücke allein scheint sie ihnen gesichert; sie soll mit ihrer stillen Glut ihre Besitzer für ihre Auffassungen begeistern und sie bei ihrer Lösung der Aufgaben fördern, welche unsre Zeit der Menschheit stellt. Sie haben genug, wenn ihnen an bestimmtem Gehalte die Sittlichkeit bleibt; und nicht wenige meinen sogar, wenn sie die haben, der Religion entbehren zu können. Das Notwendige ist, ungehemmt dem Zuge der Gegenwart gerecht zu werden, die Fühlung mit den Zeitgenossen nicht zu verlieren. Und um den Preis sieht man denn auch in weiten Kreisen den heute „Modernen" unter den Christen ihre Liebhaberei für den Glauben nach. Die Priesterlichen daneben dürfen mit Stolz auf die geschlossenen Heerscharen zeigen, die sich gehorsam der unfehlbaren Kirche in Dienst stellen. Mit Leidenschaft treten sie sogar für die Einrichtungen und Orden ein, deren unheilvolle Wirkungen ehedem selbst die ihrigen nicht geleugnet haben. Und wenn ihre amtlichen Schriften dreist in die Welt hinein behaupten, oder wenn sie ohne Scheu die Förderung ihrer bedenklichsten Machtmittel fordern, dann geben die Regierungen nach und die Parteien fügen sich ihrem Gewicht. Auch von unsrer Seite fällt mancher bewundernde, neidende Blick auf die festgeschlossene „Schwesterkirche" mit ihrem eindruckvollen und einflußreichen Auftreten. Der Verlockungen finden sich auf beiden Seiten genug. Im tiefsten Grunde fest und frei ist dabei nur der, welcher unwandelbaren Gehalt in immer neue Formen faßt, deren es bedarf. In der starren äußeren Gestalt hat der Inhalt bis zur Unkenntlichkeit entarten können, und die von religiöser Wärme nur angehauchte Beweglichkeit kann sich der Anziehungskraft neuer Gedanken und Thatsachen nicht erwehren. Das lebendige Wort, in die unwandelbare Schrift gefaßt, bietet sich durch alle Wechsel hin als Inhalt an; diese Gestalt des ursprünglichen Christentumes verleiht aller Anpassung der Christenheit an die Zeitverhältnisse ein festes Widerlager und verbürgt die Einheit im Geist. Wir wollen und dürfen unser Christentum nicht für eine öffentliche Machtstellung und für staunenswerte kirchliche Erfolge daran geben, ebenso wenig aber auch für eine nur auf sich selbst beruhende Gemütsrichtung und daneben für Hoffähigkeit vor dem modernen Bewußtsein; deshalb können wir auch unsre Bibel nicht daran geben als **unsren Rechtsgrund** gegenüber den Priesterkirchen und auch gegenüber den Schwärmern.

---

2. Eben darum halten wir auch daran fest, daß die Bibel der **Maßstab** bleibe für den öffentlichen Unterricht.

Bei aller sonstigen Verehrung für unsren großen und edlen Dichter beklagen wir ihn, weil er sich „aus Religion" zu „keiner Religion bekennen" wollte. Uns ist der sich vordrängende Sprachgebrauch bedenklich, welcher gern statt Christentum Religion unterschiebt. Wir wollen das „geschichtliche" Christentum behalten, und zwar nicht nur die bis heute durch viele Wandlungen hindurchgegangene äußere Form gemeinschaftlichen „Religionsbetriebes", sondern das achtzehnhundert Jahre alte Christentum, welches eins ist mit dem Glauben an den geschichtlichen Christus. Den aber kennen wir nur aus der Bibel und auch nur aus der ganzen Bibel. Eben darum erwarten und fordern wir, daß alle aus der Bibel schöpfen und sich an der Bibel vor uns ausweisen, welche den Unterricht im Auftrage und im Namen unsrer Kirche erteilen. Gibt es fromme Leute, welche zu andern religiösen Anschauungen gekommen sind und sich für sie begeistern, so halten wir es nicht für dienlich, ihnen den Mund zu verbieten; mögen sie predigen, wie die Apostel und die Missionare; mögen sich gleich Gestimmte zu ihnen finden. Aber man braucht sich ihre Verkündigung nicht gefallen zu lassen, wo man sich auf sein Christentum hin versammelt; und man wird sich nicht zwingen lassen, ihnen seine Kinder zu überlassen, so lange sie unmündig sind.

Gewiß ist mir, indem ich dies schreibe, nicht unbewußt, daß es nicht leicht und einfach ist, diese Forderungen in der Gegenwart geltend zu machen, ohne durch unevangelische Gesetzlichkeit Zorn anzurichten. Es ist zu allen Zeiten eine zarte Sache gewesen und selten ist sie zart angefaßt worden. Allein, das wird doch weithin gefühlt, daß die Lehrtyrannei der Willkür von seiten der Lehrer nicht minder peinlich und verderblich ist, als die harte Gesetzlichkeit in der Beurteilung der Lehrer in den Gemeinden oder von ihren Genossen und Oberen. Daß demgemäß die Lehrfreiheit in der Kirche nicht ohne Lehrbindung sein dürfe, verhehlen sich nur Leute von allzu kurzen Gedanken. Man würde sehr bald einig sein, jemandem den Unterricht zu verbieten, wenn er Meßopfer und Unfehlbarkeit des Lehramtes predigte. Auch die Einführung der Wiedertaufe würde man sich schwerlich gefallen lassen. Die Notwendigkeit der Grenze ist damit anerkannt, nur das „wo?" nicht entschieden. Gesetzlich wird es nie so festgelegt und richterlich so entschieden werden, daß man dabei zu allseitiger Befriedigung kommt. Beiderseits muß zugestanden werden, daß die unausbleiblich harten Griffe eines geordneten Gemeinschaftslebens sich schwer dem „geistlichen Urteilen" annähern lassen. Mir aber scheint es viel wichtiger, daß die Verpflichtung der Lehrer gegenüber der Bibel im allgemeinen Bewußtsein lebe, mithin in dem ihrigen ebenso wie in demjenigen der hörenden und wählenden Gemeinden, als daß ein für die Aufsichtsbehörde handlicher Prozeß wider abweichende Amtsträger in Übung sei.

Allein die Heilige Schrift kann und soll mehr sein als Lehr=

schranke. Allerdings ist diese Bedeutung nicht gering zu achten, wenn sie nicht hölzern gefaßt wird; die Stellung muß eine Scheu sein, wie des Kindes gegenüber der Mutter. In solcher Ehrfurcht liegt dann aber mehr als die Anbequemung an eine Schranke; ihre Wurzel ist eben die Dankbarkeit des Empfangenden. Mit Teilnahme und Bangen mag man die jugendlichen Männer in den Gemeindedienst treten sehen. Verfallen sie der Geschäftigkeit, so mag es sich ihnen und andern lange Zeit verhüllen, wie wenig sie im Grunde zu geben vermögen, während so viele von ihnen geistlichen Gehalt empfangen sollen. Selbstverständlich weiß ich, daß niemand von uns einem andern den heiligen Geist und den Glauben vermitteln kann. Aber Anregung, Nahrung und gesundende Leitung für das Glaubensleben erwarten die Gemeindeglieder, und je weniger sie erwarten, um so mehr bedürfen sie derselben; und zwar jeder auf seine Weise. Wo soll sich die nachhaltige Kraft, der unerschöpfliche Vorrat, der Reichtum an vielseitiger Anwendung finden, wenn Dauer und Umfang der Erfahrung, Fruchtbarkeit des Sinnes, Muße zur Sammlung in sich und zum Sammeln aus den gehäuften Schätzen der Kirche fehlen? Ein ausgiebiger Umgang mit der Heiligen Schrift kann ersetzen und wird alle jene Quellen erst recht lebenspendend machen. Es zieht eine klägliche Verarmung, eine Abzehrung des Evangelisten und Lehrers nach sich, wenn er sich auf einer bestimmten Lehrweise, innerhalb eines engen Kreises von Anschauungen zur Ruhe setzt, und sich aus der Bibel seine Lehrbibel von einzelnen Büchern und Texten herausschneidet, statt sich in der reichen, lebensvollen Welt religiöser Personen, Vorgänge und Anschauungsformen immer neu umzusehen, welche ihm das Buch der Bücher entgegenbringt. Man braucht sich wahrlich nur wenig in der Erbauungslitteratur der Evangelischen, z. B. bei der Bengelischen Schule, umgesehen zu haben, um einen Eindruck von dem Reichtum der Bibel zu gewinnen, wenn man sich's nur nicht verdrießen läßt, „die Beerlein vom Busche zu schütteln".

Wir dürfen und wollen nicht den unerschöpflichen und unentbehrlichen Quell versanden lassen, aus dem die Diener am

Wort Ergänzung für die Einseitigkeit ihrer Schulung, ihrer Zeitrichtung und ihrer Individualität, aus dem sie Befruchtung und Zufuhr von Inhalt und Kraft schöpfen mögen, gegenüber den sonst aus- und abzehrenden Ansprüchen ihres Dienstes.

3. Welche Mühe haben nicht seit alten Zeiten in der ganzen Kirche, welche Mühe namentlich in den evangelischen Kirchen gewiß nicht die Geringsten unter den Christen daran gewendet, die Bibel allgemein zugänglich zu machen und zu erhalten! Einen Einblick dahinein gewinnt, wer sich mit den Arbeiten an der Übersetzung beschäftigt hat; auch jeder Missionsfreund. Und wenn in dem Betriebe der Bibelgesellschaften manches vorgekommen ist und vorkommt, was man verkehrt oder übertrieben heißen und, wo man Einfluß gewinnt, abstellen mag, so ist es doch gewiß hier am Platz, an das Bethanische Mahl zu erinnern und an die Worte des Herrn: „was bekümmert ihr das Weib? Sie hat ein gut Werk an mir gethan" und: „wo dies Evangelium gepredigt wird in der ganzen Welt, wird man auch sagen zu ihrem Gedächtnis, was sie gethan hat".

Diese ganze Arbeit ruht nun auf dem reformatorischen Satze von „der allgemeinen Mitteilbarkeit der Schrift" gegenüber den kirchlichen Verboten des Bibellesens von Laien. Und es muß dabei bleiben, daß jeder Christ mit seiner Bibel ohne Vormund umgehen könne und in solchem Verkehre zu seinem Ziele komme. Wollte sich eine gelehrte Zunft die Vormundschaft beilegen, so wäre das gleichviel, wie wenn das ein Klerus thut. Ist ein Klerus kein zuverlässiger Kanal für den Zufluß des Heiligen Geistes, so ist in einer gelehrten Zunft mit dem Strebeziel der Wahrheit noch nicht einmal dafür die Bürgschaft gegeben, daß man sich bei ihr auch wirklich auf dem geraden Wege zum Ziele befinde. Die Ehrlichkeit ihrer Glieder schließt keinesfalls zeitenweise Beschränktheit des Gesichtskreises und Methodenreiterei, begleitet von Unfehlbarkeitsdünkel, und ähnliche bedenkliche Irrungen aus. Darf also nicht eine neue Bevormundung der Laienwelt eintreten, so ist das geeignete Mittel zu selbständigem Verkehr mit der Bibel nicht die „Popularisierung" der Theologie. Dergleichen leicht faßliche Mitteilung von wissenschaftlichen Ergebnissen gilt zwar jetzt als bestes Bildungsmittel; dieses Treiben führt jedoch zu gar nichts anderem, als zu einem Umsichgreifen eines Zustandes, bei dem die einen Autoritäten spielen und die andern Autoritäten anbeten und anpreisen. Dem gegenüber gilt in Sachen des Evangeliums Selbständigkeit. Und das muß irgendwie auch im Verhältnis zur Bibel so bleiben.

„Bleiben"; aber es ist immer nur „i r g e n d w i e" so gewesen, und nie in allem Betracht, ja nie vollständig und unbedingt. Schwerlich wird sich ein Fall aufweisen lassen, in welchem ein Mensch sich in der Bibel zurechtgefunden hat, ohne zuvor in irgend welchem Maße christlich unterwiesen zu sein. Gerade die selbständigsten Bibelchristen werden meistens durch eine reichliche Arbeit am Verständnisse der Heiligen Schrift zu jener Selbständigkeit gelangt sein; und hätten sie selbst keine ausgebreitetere Litteratur über die Bibel benutzt, so würde doch in ihnen fort- und mitgearbeitet haben, was sie zuvor aus der Entwickelung der Christenheit vor ihnen und um sie her aufgenommen haben. Selbst unser Heiland ist nicht ohne erziehende Voraussetzungen an das Lesen des Alten Testamentes gekommen.

Also der Christ kommt nicht leer an den Verkehr mit seiner Bibel. Was dann dieser Verkehr ihm leistet, dabei kommt es sehr auf jenes Ziel an, zu welchem er kommen will und soll; darauf, was er sucht. „Die Wahrheit"; gewiß, indes Wahrheit ist ein sehr weitschichtiges Ding, und für viele doch im Grunde eine sehr unklare Vorstellung. Was Wahrhaftigkeit ist, sagt jedem sein Gewissen; mit der Wahrheit verhält es sich nicht ebenso, obwohl es vielfach in die Welt hinein behauptet wird. Nicht einmal der sittlichen Wahrheit gegenüber zeugt das Gewissen mit fehlloser Sicherheit und Klarheit. Aber der Christ sucht ja Wahrheit nicht um ihrer selbst willen und auf allen Gebieten; ihm handelt es sich um die Wahrheit, welche den Weg zum Leben bildet, nämlich dazu, daß man den wahrhaftigen Gott und seinen Sohn

Jesum Christum erkennt (Joh. 14, 6; 17, 3). Die Erlangung dieses Lebens nennen wir Heil; nach Heil verlangen und nach der Heilswahrheit forschen wir in der Bibel. Und das ist der Anfang alles gesunden Umganges mit der Heiligen Schrift, daß man den empfangenen Unterricht, die Predigt, den Katechismus, das Bekenntnis an sie heran hält und forscht, ob es sich in ihr also hält (Apostelgesch. 17, 11). Die Handhabung dieses Prüfsteines führt zur Selbständigkeit; denn nun wird aus zweier Zeugen Mund, aus dem Bekenntnis der Christen, so weit ich mit ihm eins zu werden vermag, und aus der Bibel die Heilswahrheit kund; und dann wird es auch dahin kommen, daß der empfangene Inhalt für den eigenen Bedarf gesichtet, bereichert, ausgestaltet wird.

Ein solcher selbständiger und immer eigenartiger sich gestaltender Verkehr mit der Heiligen Schrift wird dann seine besondern Erlebnisse einschließen und auch zu besondern Einsichten führen. Ihn allseitig zu schildern und abzugrenzen, ist hier nicht der Ort; nur das sei in Erinnerung gerufen, daß eine Beschäftigung mit der Bibel, in der man sich seine Glaubensgewißheit stärkt und gründet und im Umgange mit ihr an dem inneren Menschen arbeitet, nicht notwendig zusammenfällt mit dem Durchforschen derselben zum Zwecke der Erhebung einer geschlossenen Lehre. Anliegen des inneren Lebens liegen durchaus nicht immer in einer Linie mit Erkenntniszielen und die Ergebnisse von beiderlei Thätigkeit kommen sich durchaus nicht allemal zu gute.

Eben darum kann ein selbständiger Umgang mit der Heiligen Schrift, wenn er in gesunder Wechselbeziehung mit dem kirchlichen Unterricht bleibt, in weitem Maße der theologischen Vermittelung entraten. Jene Wechselbeziehung aber ist dann und deshalb gesund, wann und weil der kirchliche Unterricht demselben Wechselverkehr mit der Heiligen Schrift, nur unter allseitiger Ausgleichung zwischen den verschiedenen Zeugen und Zeiten der Kirche, entstammt. Diese Wechselbeziehung braucht auch nicht in falsche Banden zu schlagen, so lange man den grundlegenden Maßstab Luthers handhabt, so lange man prüft, ob und wie eine Schrift oder eine biblische Lehre „Christum treibt".

Und davon sind und bleiben wir überzeugt, daß dieser selbständige Verkehr aufwachender Christen mit der Heiligen Schrift durch nichts ersetzt und nur zu schwerem Schaden der Christenheit entbehrt werden kann. Kein kirchliches Leben, keine fromme Schriftstellerei neuer oder alter Zeit kann dem unmittelbaren Schöpfen aus diesem quellfrischen Wasser an Wirkungsmacht gleichkommen. Wo immer diese nächste Berührung wieder wirksam wurde, nachdem man wesentlich an mittelbare Fundorte gewiesen gewesen, ist der erfreuliche Abstand jedesmal spürbar geworden. Daran wird man es inne, daß in der That unsre Bibel die Form ist, in welche Gott das allumfassende Gnadenmittel seines Wortes an uns für seine Kirche und ihr Fortleben gefaßt hat. Davon reden wir sogleich ausdrücklich.

4. Prüfstein und Maßstab, Quell und Fundort für kirchlichen Unterricht und für unser eigenes Christendenken und Christenleben kann die Bibel uns ja freilich nur sein, weil sie uns als Gottes Wort gilt; unter Gottes Wort aber verstehen wir mit der Bibel die Art, wie es Gott gefällt, sich uns kund zu machen oder zu offenbaren.

Zerlegt man nun die Bibel in einzelne Stücke und zwar in Verse und Worte, dann ist es nicht schwer zu zeigen, daß die Bezeichnung „Gottes Wort" sich nicht buchstäblich auf dieses einzelne anwenden läßt; und wo man nicht aus Besorgnis vor bedenklichen Rückschlüssen in diesen Fragen bedenklich war und ist, geht man auch sicherlich mit diesen Einzelheiten sehr unbefangen um. Hier nur so viel, daß eine einfache sachliche Auffassung des Geschichtlichen in der Bibel ihrer Schätzung als Gottes Wort nicht entgegensteht. Man weist dawider wohl auf so vielen äußerlichen und unerbaulichen Stoff in ihr hin oder auch auf die Äußerungen der Unreife oder die Unsittlichkeiten, die sie darstellt. Aber ein an sich bedeutungsloses Stück kann im Zusammenhange Wert gewinnen, und die vergleichende Beleuchtung, in welche eine Sache gerät, kann sie das gerade Gegenteil von dem zeigen lassen, was sie an sich ergeben würde.

Aber im Grunde ist uns ja die ganze Bibel nur Kunde von dem Gott und Vater unsres Herrn Jesu Christi und von seiner errettenden Liebe zu uns. Und daran liegt uns und darauf wollen wir nicht verzichten, daß wir diese Kunde ihm selbst verdanken und — der Ausdruck wird nicht zu gewagt sein, wenn wir an Joh. 14, 10; 16, 13 f. 2. Kor. 13, 3. 1. Kor. 2, 10—14 denken — sie aus seinem Munde haben. Nicht fromme Gefühle besonders religiös erregter Menschen, nicht Ahnungen eines kräftigeren Gottesbewußtseins, nicht Träume und Gefühle nervöser Naturen, auch nicht Meinungen sinniger, tiefer, edler Menschen über das, was von Gott zu denken sich zieme, gelten uns für Offenbarung, und darum sind wir nicht damit zufrieden, dergleichen besonders reichlich und besonders ansprechend in der Bibel zu finden. Wir wissen ja wohl, daß dieser geschriebene Buchstabe erst lebendiges Wort war, und daß so wenig der Buchstabe an ihm Offenbarung ist, so gewiß es neben ihm allzeit in der Kirche lebendiges Gotteswort gegeben hat; aber dieses spätere lebendige Gotteswort ist immer an demselben Stamme gewachsen, und seit Jahrhunderten nicht mehr außer Zusammenhang mit jenem geschriebenen Worte. Es ist immer an demselben Stamme gewachsen, denn es ist gewachsen in ursächlichem Zusammenhange mit einer Reihe einander bedingender geschichtlicher Vorgänge. Sie sind Handlungen Gottes, deren abschließende und zugleich für alle Folge entscheidende das ist, was er in*) und an seinem eignen Sohne gethan hat, und das ist seine Offenbarung; denn unter jenen Vorgängen hat Gott Sinne und Ohren und Augen dafür erschlossen, daß man in seinen Thaten seine Gnade ergreife und dann von ihr zeuge. Dieses Zeugniß wiederum hat er in unserer Bibel seit der Apostel Zeiten fort und fort so in die Geschichte der Menschheit verflochten, daß es nicht verklingen kann; und dieses Zeugnisses hat er sich immer wieder bedient, um den Menschen Herzen und Ohren für sein Wort zu öffnen und ihnen lebendiges Gotteswort in Sinn und Mund zu legen.

---

*) Joh. 14, 9. 10; 1, 1. 14. 2. Kor. 5, 19. Röm. 5, 6—8. Kol. 1, 19 f.

Diese Wirkungskraft des Schriftwortes und schriftgemäßen Wortes spüren wir, wie wir ihre Bezeugung tausendfältig vernehmen, und kennen sie aus der Geschichte. Deshalb schenken wir der Aussage der Bibel von Thaten und von dem Worte Gottes Vertrauen, suchen und finden sie in eben diesem Buche.

Wer Bäume pflanzen will, hat an der reifen Frucht genug, um ihr die Kerne zu entnehmen, aus denen der neue Wuchs keimen soll; will er dann aber seine Pflanzung hegen, so wird es ihm dienlich sein, zu wissen, wie es im Wachstum zu jener Frucht gekommen ist. Wir wissen, daß wir unsren Heilsglauben auf die Gottesthat am Kreuz= und Auferstehungspassah und auf das apostolische Evangelium gründen können; aber wir erfahren es, daß wir die Länge und Breite, Tiefe und Höhe der alle Erkenntnis übersteigenden Liebe Gottes nur erkennen, wenn wir uns in dem offenbarten Geheimnis seiner Heilsökonomie zurechtfinden und die Tiefe seines Reichtums, seiner Weisheit und Einsicht annähernd und anbetend zu ermessen suchen. Am Ausmessen und Ergründen mag sich die Gemeinde durch die Jahrhunderte versuchen und erschöpfen. Aber daran halten wir fest, daß wir auf diesen Blättern den Abdruck durchgreifender Gotteshandlungen und in herzangreifenden Zeugnissen, die wir dort lesen, Menschenwort besitzen, zu dem sich Gott als zu seinem eignen Worte bekannt hat, wie zu seinem Namen, in welchem wir ihn auf das Wort seines Sohnes hin anrufen. Und darum halten wir darüber, daß die ganze Bibel uns die Wege Gottes zeige, die zu der Fülle der Zeiten führen, und die Ausblicke von dort in die Zukunft eröffnen.

Auch wir lesen es in diesen Büchern, daß es bei ihrer Abfassung ganz menschlich hergegangen ist, und finden die Spuren, daß es sich auch damit nicht anders verhält, wie sie zusammengebracht wurden; aber wir sehen hier nicht einen mißlungenen Versuch mitteloser oder übelberatener Menschen, die spärlichen Trümmer einer großen Vergangenheit zu sammeln und drum in unsrer Bibel einen wirren Haufen von Resten, hinter denen wir die Offenbarung erst künstlich hervor zu suchen hätten. Hat

Gott der Herr die Sammlung des Alten Testamentes, welche die Bibel Jesu und seiner Apostel war, in seine offenbarende Geschichte unlöslich verflochten, so kann auch die andre Hälfte nicht ohne ihn zu stande gekommen sein; und wir dürfen es zu seinem offenbarenden Handeln zählen, daß sie unsre Bibel geworden ist. Es widerspricht unsrem Verkehre mit ihr und der Erfahrung, die wir dabei machen, daß Gott in ihr mit uns nur, so zu sagen, Verstecken spielt, daß wir ihn selbst und seine Meinung erst hinter den Hüllen unzuverläßiger menschlicher Auffassungen und irrender menschlicher Meinungen hervorsuchen und uns in klarerer Gestalt vorhalten müßten. Deshalb bleiben wir dabei, daß sie uns der geschichtliche That- und Sachbeweis der Offenbarung unsres Gottes ist; denn ihr Inhalt erweist sich der treuen sichtenden und vergleichenden Arbeit der Kirche, wie er sich dem Herzen bezeugt, in seiner Herkunft aus der **Offenbarung des Unfindbaren und Unerfindbaren**; und auch in ihrem Dasein und seitherigen Geschick erkennen wir sein offenbarendes Walten. Wir haben an ihr sein Wort und darauf können wir nicht verzichten.

Zur weiteren Klärung und zur Sicherung aber wird es dienen, wenn wir neben dem, was wir nicht daran geben können, nun auch dasjenige deutlich bezeichnen, was wir genötigt und gesonnen sind, daran zu geben. Behaupten wir die altchristliche Stellung zur Schrift, so sind wir doch nicht gemeint, alles zu verteidigen, was man ehedem für unentbehrlich erachtet hat und manche heute noch als untrennbar von jenen Hauptsachen ansehen.

Wofür streiten wir nicht?

Diese Überschrift paßt eigentlich nicht zu dem, was ich hier mit meinen Lesern verhandeln will; denn wenn ich mit meiner Antwort herauskomme, so werden viele mir einwerfen: „gerade dafür streiten wir"; und zwar auch nicht wenige, die ich unter den „wir" an meiner Seite am wenigsten entbehren möchte. Wenn ich dann nur entgegnen wollte: „aber dafür solltet ihr nicht streiten", so wäre das ein Streitpunkt zwischen uns, der erst ausgetragen werden müßte. Meiner Meinung nach liegt die Sache aber eigentlich anders, ich bin nämlich der Zuversicht, daß die meisten bei dieser Erörterung sich selbst mißverstehen und für etwas streiten, was sie im Grunde gar nicht meinen und nicht ver= fechten würden, wenn sie es nicht um des eigentlichen Gutes willen für unentbehrlich hielten. — Nach dieser Vorbemerkung will ich die Sache nennen und eine Verständigung darüber versuchen. Ich schlage also vor, einzustimmen in die Versicherung:

wir streiten **nicht** für die sogenannte **Verbalinspiration** der Schrift, denn wir bedürfen ihrer nicht für den vorher be= sprochenen Glauben an die Schrift.

Aber es steht doch 1. Korinther 2, 13 „welches wir auch reden, nicht mit Worten, welche menschliche Weisheit lehren kann, sondern mit Worten, die der Geist lehret". Das ist doch „Verbal=

inspiration". Ohne Zweifel. Auch sind wir nicht der Meinung, die Anschauungen und Ausdrucksweisen der Apostel und ihrer Genossen im Dienst am Worte stammten lediglich aus ihrem Gutdünken und aus ihrem, wie man wohl sagt, jüdisch beirrten und beengten Verstande. Was ist denn aber jenes „welches", von dem Paulus spricht? V. 9: „Das kein Auge gesehen und kein Ohr gehöret hat und in keines Menschen Herz gekommen ist, das Gott denen bereitet hat, die ihn lieben; uns aber hat es Gott offenbaret durch seinen Geist". Also doch gewiß nicht solches, was die biblischen Schriftsteller bei andern gelesen haben, auf welche sie sich berufen; nicht das, wofür sie als Augenzeugen einstehen, was sie geschaut, gehört, betastet haben; nicht, was an Angst und Scham, an Lust und Dank aus ihren Herzen gequollen ist; nicht, was von Gotteswegen für alle da ist, wie unsre Sinnenwelt mit ihrem Regen und Sonnenschein ... und was soll ich weiter sagen?

Unsre Alten haben das vom Apostel Gemeinte, trotz ihrer vorgefaßten Meinung für die Wörtereingebung sehr wohl zu sagen gewußt, wenn sie sagen wollten, woran die Vollkommenheit der Bibel zu messen sei. Was Paulus meint und sie in der Bibel als ihren Gehalt fanden, das ist nämlich alles, was „uns zu unsrer Errettung zu wissen not ist"; und das ist, nach neutestamentlichem Ausdrucke, das Geheimnis des göttlichen Heilsrates, der in der Heilsoffenbarung kund geworden ist; es faßt sich alles zusammen in der Erkenntnis unsres Heilandes. Und von dieser Predigt versichert nicht allein Paulus, sie stamme nicht aus seinem frommen Herzen und gebildeten Denken; das eben hat ja Jesus seinen Jüngern für ihren Dienst versprochen Joh. 16, 12 f., und wenn sie es nicht nachher verspürt hätten, würden sie davon weislich geschwiegen haben. Auch meint es z. B. Petrus nicht anders 1. Petr. 1, 12: „die, so euch das Evangelium verkündiget haben durch den Heiligen Geist, vom Himmel gesandt". Das ist ja auch das Unerfindbare und nirgend sonst Gefundene, diese Rede des lebendigen Gottes, die nicht ergeht über dieses und jenes in unsrem irdischen Leben, sondern immer und überall darauf abzielt, dem Menschen sein Leben, sein Wohl und sein Ziel in der Gemeinschaft mit ihm, dem unsichtbaren Gotte, vorzuhalten, zu dem Ende uns seinen fordernden Willen bestimmt und klar vor die Seele zu stellen, und uns bei immer tieferer Erkenntnis unsrer Schuld und unsrer Knechtschaft die viel größere Tiefe seiner erbarmenden Liebe zu erschließen. Und das vermag diese Rede, weil sie von Thaten berichtet und den Sinn dieser Thaten erschließt; ja weil diese Rede selbst eine Handlung des lebendigen Gottes ist, auch durch den Mund des Dieners noch, nämlich die Berufung in seinen Frieden, welche allen andern Segen nach sich zieht (Röm. 8, 28—39). Die Berufenen können, ja müssen denn auch bekennen, diese Rede ergeht in Erweisung des Geistes und der Kraft, auf daß der dadurch geweckte Glaube nicht auf Menschenweisheit stehe, sondern auf Gotteskraft (1. Kor 1, 26 f. 2, 4. 5).

Dabei also soll es bleiben und bleibt es, daß wir in dem einen Evangelium, neben dem kein andres ist (Gal. 1, 6—9), in dem Evangelium, das durch den Heiligen Geist, vom Himmel gesandt, verkündiget wird (1. Petr. 1, 12), Gottes Wort haben, dem die Verheißung gehört, daß man unter seiner Bezeugung der Gegenwart Gottes inne werden soll (1. Kor. 14, 24. 25). Der Quell aber, in dem diese Predigt sich reinigt und immer wieder frisch aus ihm hervorquillt, das ist die Bibel, wie das die gesegnete Reformation oder Erneuerung des Evangeliums und alle Erweckungen christlichen Lebens unter uns Evangelischen seither deutlich erwiesen haben. Und darum schließt unser Glaube an Gott den Heiligen Geist auch die Zuversicht ein, daß er das Gotteswort seinen Dienern eingehaucht, eingegeben hat, und daß wir dieses Wort seiner Werkzeuge in unsrer Bibel vor uns haben.

Unsre herkömmliche Lehre von der Verbalinspiration bezieht sich jedoch nicht allein auf das Gotteswort des Evangeliums von seiner ersten Verkündigung im Paradiese bis zu den Aposteln herab, sondern auch auf alles das, was in unsrer Bibel steht und was viele oder alle Augen gesehen, die Ohren gehört haben und aus und in der Menschen Herz gekommen ist; was man zuvor in andern Büchern gelesen hat. Denn nach ihr liegt im Grunde gar nichts daran, ob es Propheten und von Christo selbst erwählte Apostel waren, von denen das Wort ursprünglich herkommt; vielmehr, wer auch diese Bücher geschrieben haben mag, diese Verfasser waren lediglich Schreiber, eigentlich nur lebendige Federn, die das heimliche Diktat Gottes aufzeichneten. Ganz heimlich vollzog sich das, so nimmt man an und muß man annehmen; denn diese Schriftsteller verhalten sich durchaus als Leute, welche sich für dessen Urheber und für das verantwortlich halten, was sie aufzeichnen; der göttliche Geist schmiegt sich in allem der Eigentümlichkeit seiner Werkzeuge an, und macht eigentlich nur eine einzige Ausnahme: er läßt sie auch in der geringsten Kleinigkeit nicht irren, — sei es auch nur eine gröbere oder feinere Sprachregel, sei es auch nur eine Gedächtnisschwäche bei der Anführung eines früheren Ausspruches und dergleichen.

Und damit ist denn der letzte Grund entdeckt, aus dem ernste, treue Lehrer sich bewogen fanden, diese Anschauung allseitig auszubilden. Wer sie verstehen will, der muß auf Grund des 7. Artikels des Augsburger Bekenntnisses von Herzen mit ihnen beten können, daß die Kirchen bei der reinen Lehre des Evangeliums erhalten werden, durch welche man aus dem seelenmörderischen Irrtum des Papsttumes und dem Todeskampfe der Gewissen sich erlöst wußte. Hat die Kirche so lange und so weit geirrt mit ihrer Verkündigung, so muß doch ein reiner Quell des Lebenswassers fließen, so muß die Bibel unfehlbar sein in allem, was „zu wissen für die Erlangung des Heiles nötig" ist. Dann aber kamen die endlosen Kämpfe mit den Römischen und die nicht minder heftigen zwischen den Protestanten. Und nun trat der rechnende Verstand hinzu und überlegte: wo ist die Grenze zwischen Nötigem, Nützlichem und Entbehrlichem? Zu dem Nötigen gehört ja nicht wenig Geschichtliches, wer kann in der zusammenhängenden Geschichte die Grenzen zwischen dem Wesentlichen und dem Nebensächlichen genau ziehen; „kleinste Ursachen, größeste Wirkungen!" Ja, konnten diese Verfasser überhaupt irren, wo liegt die Bürgschaft dafür, daß sie eben in dem Nötigen nie irrten? Um seiner Sache ganz gewiß zu sein, schritt man zu der Versicherung fort: Die Bibel ist auch in allen Aussagen unfehlbar, deren Inhalt zu wissen für die Erlangung des Heiles nicht unentbehrlich ist, bis hinein in die unbedeutendsten Nebensachen.

Diese Annahme ist zunächst nur für die damals freilich unvermeidlichen Lehrstreitigkeiten ausgebildet; es ist aber manches Üble aus ihr hervorgegangen, wie man z. B. an der Geschichte Englands im 17. Jahrhundert studieren kann. Das weitläufig darzuthun, ist jedoch hier nicht Zeit und Ort. Manche fromme Leute, die wohl im einzelnen irrten, aber doch auch christlich Echtes vertreten haben, sind in den Tagen, da jene Lehre mit voller Kraft geltend gemacht wurde, wider den „Bibelpapst" erbittert worden und eben das hat sie daran verhindert, sich durch das biblische Gotteswort zurechtbringen zu lassen. Dergestalt hat diese Lehre Ärgernis angerichtet; und wozu sie dienen sollte, das gerade hat sie nicht geleistet. Denn die Irrtumslosigkeit der Schrift sollte doch die unablehnbare Gewißheit rücksichtlich der offenbarten Wahrheit schaffen; die unfehlbare Bibel sollte in den Streitigkeiten Konzilien und Päpste überflüssig machen. Aber sie hat das nicht geleistet. Das ist eine sehr wichtige Beobachtung für jeden, dem es darauf ankommt, den Spuren Gottes in der Geschichte nachzugehen. Gerade in der Zeit, in welcher man am eifrigsten diese Lehre von der Heiligen Schrift vertrat, in der gewiß die Lutherischen hier und die Reformierten dort ehrlich bemüht waren, das Schriftwort als Prüfstein an jeden christlichen Gedanken und seinen Ausdruck zu legen, standen beide evangelische Kirchen unter einander und mit biblisch gerichteten Sekten, wie z. B. mit den Mennoniten in bitterster Fehde, und das Richteramt der Schrift kam nicht zum Ziele. Es hätte noch eine besondere Wunderwirkung hinzukommen müssen, um den Streitenden das einzige richtige Verständnis zu erschließen und zu verbürgen — wie das die Väter des Tridentinischen Konziles für die römische Kirche in Anspruch nahmen und jetzt der Papst für sich. Aber sie ist nicht gekommen.

Wenn diese Lehrweise ihren ersten Vertretern nicht dazu verholfen hat, wozu sie ihrer nicht meinten entbehren zu können, wird sie uns heute für ganz andre Zwecke besser dienen? Viele unter uns, mit wie dankbarer Anhänglichkeit sie zu ihrem Sonderbekenntnisse stehen, fühlen doch keine Schranken mehr zwischen sich und den „Bibelverehrern" „drüben"; viele meinen, daß gerade die Treue gegen die Schrift sie gelehrt habe, jene Unterschiede geringer zu achten; viele treten — wie eben hier geschieht — für Richteramt und Ansehen der Heiligen Schrift ein, ohne jene Lehre billigen zu können; und sie alle leben und arbeiten unter dem Eindrucke, daß heutzutage ganz andre Gegensätze auszukämpfen sind, als diejenigen zwischen Bekenntnissen, die sich mit gleicher Bereitwilligkeit u n t e r die Bibel stellen. Was sie zusammenführt und zusammenschließt, das ist die biblische Wahrheit; diese Wahrheit verbindet sie, ohne daß man jene Lehrwendung anerkennt, ohne daß diese Lehrwendung zu dieser Übereinstimmung geholfen hat. Meint man, was diese Lehrweise nicht bei den „Bibelverehrern" geleistet hat, das werde sie fortan bei den Gegnern der Bibel und für den Kampf mit ihnen leisten?!! Zum Eroberungszuge für die christliche Überzeugung oder auch nur zu ihrer Verteidigung den wüsten Leugnern und Spöttern gegenüber wird uns die Behauptung der Verbalinspiration heute so wenig nützen, wie sie ehedem wider die kühlen, sorgfältigen Arbeiten der Rationalisten und den spitzen, leichtfertigen Witz der Aufklärer gedient hat. Rostige Waffen lege man beiseite, wenn man frisches Rüstzeug vom Schwertfeger zur Hand hat.

Man meine nur ja nicht, um siegesgewiß zu kämpfen, müsse man den Mund recht voll nehmen und den Gegensatz möglichst weit spannen.

Der alte Wandsbecker Bothe schildert dem Kaiser von Japan Lessings Kritik, indem er diesem die Warnung in den Mund legt: „okkupiere niemand ein Terrain, das er nicht soutenieren kann". Friedrich Wilhelm III. handelte sehr weise, indem er nach den

Freiheitskriegen bereitwilligst auf Polen verzichtete bis auf die unerläßliche Verbindung seiner deutschen Länder. Unsre Gottesgelehrten des 17. Jahrhunderts sind nicht nach diesem Rate verfahren; und gerade ihre Lieblingslehre hat immer wieder den Punkt geboten, an welchem eine naturalistische Wissenschaft, der es um die Leugnung aller Offenbarung geht, unter tief und weit greifendem Eindrucke mit ihrer zerstörenden Arbeit eingesetzt hat.

Soll nämlich die allseitige Irrtumslosigkeit der inspirierten Bibel ihr das Ansehen verbürgen, hier sei Offenbarung zu finden, und soll eben das die Zuversicht zur christlichen Wahrheit anlocken und stärken, dann muß diese Bürgschaft selbst einleuchtend gemacht werden. Dann müssen wir also die Beweislast für diese Unfehlbarkeit der Bibel, auch in dem nicht Unentbehrlichen, antreten; und des haben sich auch die modernen Vertreter derselben nicht geweigert. Aber ein andres ist: eine Aufgabe anerkennen, ein andres zu lösen. Von einem durchschlagenden Erfolge ihrer Unternehmungen bei bisherigen Gegnern der Offenbarung und des Ansehens der Bibel hat man kaum etwas vernommen.

Das ist auch nicht verwunderlich. Denn der hier erforderliche Beweis ist geradezu unendlich; wenn wirklich eine lange Reihe von Einwendungen gegen die Richtigkeit biblischer Aussagen abgewiesen ist, können jeden Tag neue gefunden werden; das hat der Hergang in den letzten Jahrhunderten zur Genüge bewiesen. Weil es sich um tausend Einzelheiten handelt, kann dieser Beweis nie zu Ende gebracht werden. Denn diese Verhandlung über die Richtigkeit des einzelnen kann nur vor dem Richterstuhle des vergleichenden und forschenden Verstandes ausgetragen werden. Wir „Bibelverehrer" sind zufrieden, wenn etliche neu auftauchende Bedenken von einem Gelehrten irgendwie beseitigt sind, und sagen dann: es wird mit weiteren Verdächtigungen nicht anders gehen, wie bisher immer. Aber das sagen wir nicht, weil uns das zweifellos bewiesen ist und mit dem Urteile des Verstandes, sondern weil wir aus andren Gründen Vertrauen zur Bibel haben und weil uns meistens die strittigen Dinge nicht sehr wichtig sind.

Denn es ist für uns alle, so lange wir nicht um Grundsätze streiten, ein großer Unterschied, ob es sich um Jerobeam und Manasse oder um Abraham und Jakob handelt; ob darum, wer den Jakobusbrief verfaßt hat oder ob wir von Jesu durch Augenzeugen wissen. Fühlt man sich an dem Lebensnerv verletzt, wenn die Erzväter zu Phantasiegestalten werden sollen, so stoßen sich heute gewiß wenige daran, wird Hiob ein Gedicht genannt. Darin liegt jene verschiedene Schätzung zu Tage. Jenes gute Zutrauen, welches uns mit der Verteidigung so bald und leicht zufrieden sein läßt, stammt eben aus anderm Quell, als aus dem urteilenden Verstande. Denn wo die Wahrheit Gottes offenbar gemacht wird, da erweiset sich das an allen Gewissen der Menschen (2. Kor. 4, 2); dabei ist die entscheidende Frage nicht: „richtig oder falsch?" vielmehr: „gut oder bös? Frieden oder Verzweifelung? Leben oder Tod?" Wo die entschieden sind, da treten die äußerlichen Thatsachen zurück, und es ist erklärlich genug, wenn man meint, wo die Hauptsache sich findet, werde es auch mit den Nebensachen, soweit das erforderlich ist, in Ordnung sein. Aber das ist genau der umgekehrte Schluß im Vergleiche mit dem, der in der fraglichen Lehre gemacht wird. Dort heißt es: „weil auch die Nebensachen in Ordnung sind, kann ich mich auf die Hauptsache verlassen, und andernfalls nicht". Hier heißt es: „weil die Hauptsache in Ordnung ist, wird es auch mit den Nebensachen so sein, aber jenes hängt hiervon nicht ab".

Nehmen wir deshalb den Mund nicht unnötig voll und verlegen den Kampf an die entscheidende Stelle! Man mache es sich klar; es gibt hier nur ein Entweder — oder. Entweder wir erklären: jene Untersuchungen sind überhaupt vom Übel; die Frage nach einem Irrtum in natürlichen oder geschichtlichen Dingen darf für die Bibel gar nicht aufgeworfen werden; ihre Fehllosigkeit, auch in allem für das Heil Entbehrlichen, ist Glaubenssatz und Kirchengesetz. Oder wir müssen erkennen, daß unsre Glaubensstellung zur Bibel mit jener Behauptung nichts zu thun hat.

Heben wir mit einer Erwägung dieser letzten Stellung an, so ist doch klar, daß unsre Zuversicht auf den Heiland nicht so

entstanden ist, daß wir sie auf die Unfehlbarkeit z. B. des Alten
Testamentes gegründet haben. Gestehen wir es uns selbst und ein=
ander: viel hat zwar die Ehrfurcht vor der Bibel und der ver=
trauliche Umgang mit ihr bei vielen von uns zu jenem Ergeb=
nisse beigetragen; aber entschieden hat doch, daß wir in Buße
und Glauben mit dem heiligen Gesetz unsres Gottes und mit
seiner Menschenliebe in dem Bilde unsres Heilandes verwuchsen,
und die allermeisten haben sich dabei um mindestens zwei Dritt=
teile unsrer Bibel schlechterdings nicht gekümmert. Woraus etwas
entsteht, eben daher wird es auch weiterhin seine Kraft ziehen.
Das Christenleben zieht seine Kraft aus der Bibel, so weit man
im stande ist, aus ihr immer voller die Erkenntnis unsres Heilandes
in lebensvoller Wechselwirkung zu schöpfen. Das wird in sehr
verschiedener Art und in verschiedenem Umfange geschehen. Wer
aber mit dem lebendigen Christus durch sein biblisches Bild wirk=
lich innerlich verwachsen ist, den wird fortan eine Unsicherheit
über den Umfang nicht irre machen können, in welchem seine
Bibel sonst genau die Vergangenheit wieder gibt. Oder hängt Dein
Glaube wirklich davon ab, ob die Evangelien dieselbe Angabe
über den Wochentag seines letzten Mahles mit seinen Zwölfen ent=
halten? Hand aufs Herz! Mich hat es nie auch nur im ge=
ringsten beunruhigt.

Dabei vergesse ich durchaus nicht, daß in diesen Fragen der
einzelne Christ eine andre Stellung hat als die Gesamtheit, und
daß auch „das in Sachen des Heiles Unentbehrliche" für den
Glaubensweg verschiedener einzelner Menschen sich verschieden be=
mißt. Aber auch das, was das Ganze braucht, wird doch gleiche
Art mit dem haben, was die Notdurft des einzelnen ausmacht;
es wird in den Hauptsachen liegen.

Und das läge eben anders, wenn wir jenen Glaubenssatz
für die Kirche geltend machen wollten, welcher die Prüfung des
biblischen Sachstoffes überhaupt ausschlösse. Gegen eine solche
Annahme aber legt z. B. die ganze große Lebensarbeit eines
Hengstenberg Verwahrung ein; denn seine unaufhörliche Ver=
teidigung der Richtigkeit der Bibel setzte Pflicht und Recht der

Prüfung voraus. Freilich mag man mit dem bekannten Sprichwort sagen: die Achtung vor der Wahrheit steht mir höher, als die Achtung vor Hengstenberg. Es sollte auch nicht seine Autorität entscheiden, sondern sein Beispiel denen zur Veranschaulichung dienen, welche sich mit der gelehrten Seite dieser Frage nie beschäftigen. Und dieses Beispiel mag denn auch solche daran erinnern, daß es Gott gefallen hat, sein Wort in einer Gestalt zu geben, welche die gelehrte Arbeit fordert. Wie wir ohne die gelehrte Arbeit nicht den evangelischen Zugang zu unsrer Bibel hätten, so können wir auch weiterhin der Hilfe derselben nicht entbehren, um diesen Zugang offen und fruchtbringend zu erhalten. Dann aber hat auch die geschichtliche Forschung ein Wort mitzusprechen und kann nicht einfach zum Schweigen verwiesen werden. Prägen wir es uns ein: ein Glaubenssatz von der Unfehlbarkeit der Bibel, verbunden mit dem Verbote der Prüfung, hat bisher nie in unsren Kirchen gegolten; er würde durchaus gleicher Art sein mit der Erklärung, daß mit dem Amte des Papstes die Unfehlbarkeit seiner Glaubensbestimmungen gegeben sei. Denn es würde ein Glaubenssatz sein, der sich nicht mehr auf die Zuversicht zu der Macht der Wahrheit über die Wahrhaftigkeit stützte, sondern auf die Besorgnis vor dem Schwinden einer Autorität, welche nicht um ihrer selbst willen anerkannt wurde. Wie dort der Gehorsam gegen das Papstamt den Anteil an Christo bedingt, so würde hier die Stellung zur Bibel, deren Inhalt man noch gar nicht einmal vollständig kennt, die Voraussetzung des Heilsglaubens bilden; denn allein deshalb nimmt man doch die Unfehlbarkeit der Bibel an, um seines Heilsglaubens ganz sicher sein zu können.

Mancher meiner Leser, zumal unter denen, welche nicht in der Theologie zu Hause sind, macht hier vielleicht in der Stille den Einwurf, ich sei es vielmehr, der den Mund ohne ausreichenden Grund voll nimmt; es habe so viel nicht auf sich mit den biblischen Stücken, deren Unanfechtbarkeit die Verbalinspiration zu decken habe. Wenn doch nicht alles Ansehen der Offenbarung geleugnet werde, so decke es leicht das Äußerliche und Nebensäch=

liche. Ihm diene zur Antwort, daß man gemeinhin gar nicht überschlägt, was alles dazu gehört, und wie unbestimmt die Grenzen dessen sind, was verbürgt werden soll. Was ist denn eigentlich die Bibel, die man in jener Verhandlung meint, und was sind ihre Thatsachen? Übersetzung oder Grundtext? Welcher der verschiedenen überlieferten Texte (es handelt sich gar nicht bloß um einzelne Worte)? Die allgemein anerkannten Bücher oder auch die von je an umstrittenen? Die Überschriften auch, und zwar welche? Auch alle Überlieferungen, mit denen wir so ziemlich von Kind auf die Bücher ansehen? Und bei diesen Fragen ist der eigentliche Kern der Bibel noch gar nicht einmal angerührt. Nimmt man sie aber in Beachtung, dann merkt man wohl, daß für die meisten daran nicht viel liegt; man beginnt zu ahnen, wie viel Ballast das Rettungsboot der Verbalinspiration mit sich schleppt.*)

Wer sein Mannesleben lang aus Überzeugung und aus Freude daran Mund und Feder vornehmlich zu dem Ende in Bewegung gesetzt hat, um andern das Vertrauen zur Bibel zu wecken oder zu stärken und ihre Reichtümer zu erschließen, dem ist es kein erwünschtes Geschäft, die Irrtümer einer Denkweise aufzuzeigen, mit welcher bei vielen Brüdern ihr Vertrauen zur Bibel verwachsen ist. Aber es ist damit, wie mit jener Gestalt aus verschiedenen Stoffen in Goethes Märchen; schmelzen die leckenden Flammen die weicheren Metallgänge aus dem Gebilde heraus, dann brechen auch die andern Teile haltlos zusammen, deren Stoff der Glut wohl widerstehen kann. Es ist kein Ver-

---

*) Wer in diesen Dingen ein wenig bewandert ist, wird mir zutrauen, daß ich nicht meine, hier einen erschöpfenden Sachausweis gegeben zu haben. In dieser übersichtlichen Erörterung vermeide ich durchweg alles Eingehen in das einzelne und auch alle genaueren Anführungen; auch auf die Gefahr hin, daß man mich unerwiesener Behauptungen zeihe. Denn im Augenblick liegt mir mehr daran überhaupt gelesen zu werden. Es frommt wenig, wenn eine breit ausgeführte Arbeit, ungeprüft und ungelesen, hinterher als deckende Autorität citiert wird.

laß auf falsche Bürgschaften, und wer übersieht, wie oftmals schon dieser Rohrstab denen durch die Hand fuhr, die sich darauf stützten, dem liegt das Amt ob, die warnende Stimme zu erheben. Es widersteht mir, mit Autoritäten zu imponieren, wo ich eben vor einer falschen Autorität warnen will; sonst könnte ich hier einen stattlichen Katalog von Vertretern der „positiven Theologie" in unsrem Jahrhundert aufführen, die zum Teil die Verbalinspiration ausdrücklich abgelehnt, zum Teil die Verwerfung in vorsichtigen Ausdrücken umgangen haben. Darin liegt meines Erachtens nicht ohne weiteres der Vorwurf der Unwahrhaftigkeit. Man kann sehr wohl es für weise erachten, andern die Wahrheit inhaltlich darzubieten, welche auch für sie an die Stelle einer weniger entsprechenden Fassung treten soll, ehe man ihnen den Unterschied beider Dinge klar legt; wenn dabei die Wahrheit selbst nicht leidet, wird man es vermeiden dürfen, die Leute stutzig und ängstlich zu machen. Das Verfahren kann jedoch auch Gefahren in sich bergen und gerade den entgegengesetzten Erfolg haben, wenn der Verdacht gegen eine Hinterhaltigkeit erwacht; und mir will scheinen, daß das in ziemlichem Umfange sich so verhält, und daß man weithin zu weise gewesen ist. Jedenfalls kann und wird immer einmal die Stunde kommen, in der es nötig wird, jede Unklarheit zu beseitigen und vor ihr zu warnen. Und diese Stunde möchte jetzt gekommen sein, wie doch wohl die eingangs aufgeführten Vorgänge darthun.

Wenn man mich nun aber fragt: was hast Du denn statt dieser altehrwürdigen Bürgschaft zu bieten, so kann ich nicht antworten, ohne zuerst die Gegenfrage zu thun, was der Fragende in seiner Bibel suche.

Bekanntlich gibt es eifrige und treue Christen, und solche sind ehedem wohl viel mehrere gewesen, denen ihre Bibel ein solches Wunderbuch ist, daß sie ihm auf sehr willkürlichen und zufälligen Wegen Entscheidungen für alle schwierigen Lebensfälle zu entnehmen wissen. Dies Verfahren nicht billigen zu können, bekenne ich einfach; weiß auch keine theologische Betrachtung nachzuweisen, die es berechtigt erscheinen ließe. Man meine nur keinesfalls, daß diese Art, mit der Bibel zu verkehren, mit der Geltung der Inspirationslehre zusammenhänge. Die evangelischen Kirchen haben immer die Ansicht vertreten, daß jedes Bibelwort nur einen einzigen einfältigen Sinn habe, auf den der Buchstabe in seiner geschichtlichen Beziehung laute. Die Anwendbarkeit dieser Sprüche auf unser Leben hat also mit jener Ansicht von dem übermenschlichen Ursprunge gar nichts zu thun.

Oder gehört einer meiner Leser zu denen, welchen es Freude bereitet, ihr Verständnis nach allen Seiten zu erweitern, und die sich den Blick und das Urteil durch ihre Bibel gern klären und schärfen lassen? Solchen hat allzeit die Gefahr nahe gelegen, ihre Bibel auch für einen Fundort aller sonstigen Erkenntnisse zu schätzen und gerade dann mußte ihnen die Annahme der Unfehlbarkeit in Nebensachen sehr genehm sein. Hatten sie dann doch zwischen den zwei Deckeln den sichern Schatz nicht nur der Weisheit eines zum Himmelreich Gelehrten, sondern auch des Wissens in den abgelegeneren Gebieten der Welterkenntnis. Daß eine Belehrung in diese Weiten hinein nicht in den Auftrag Jesu an seine Jünger hinein gehöre, den sie uns Matth. 28, 19. 20; Mark. 16, 15. 16; Luk. 24, 46. 47; Apostelg. 1, 8; Joh. 15, 26. 27 aufbewahrt haben, leuchtet wohl jedem ein; und ebensowohl, daß jene Erkenntnisse nicht dadurch verbürgt erscheinen, was uns Paulus oben (S. 29) über seine Erleuchtung durch den Geist gesagt hat. Für jenes Verfahren vermag ich daher freilich keine Rechtfertigung zu liefern. Übrigens sind auch die treuen Anhänger der Inspirationslehre sehr verschiedener Meinung darüber gewesen, ob man aus der Bibel solche Welterkenntnis zu schöpfen habe.

Erklärt mir aber mein Fragsteller kurz und gut: ich suche in der Bibel meinen Heiland Jesum, den von den Aposteln gepredigten, im alten Bunde vorbereiteten und verheißenen Messias, mit dem komme ich auf den Anfang dieser Erörterung darüber zurück, wofür wir streiten. Mir ist nicht verborgen, daß man den Umfang der Thatsachen und Gedanken verschieden bemessen kann, die man zur Heilswahrheit rechnet; aber, ob man sie sehr knapp bemesse oder ob man — wie mir richtig dünkt — die Fülle göttlicher Thaten hineinziehe; wenn es nur um das geht, „was zu wissen für Erlangung des Heiles not ist", dem vermag ich für Erhaltung seines Vertrauens zur Bibel, wie mich deucht, genug zu bieten und gerade das, was in der That auch seine eigene Erfahrung und Stellung in betreff der Bibel ausmacht. Nämlich statt einer umstrittenen Lehre über einen geheimnisvollen Vorgang eine unbestreitbare Thatsache, die jeder selbst neu beobachten und auf die Probe stellen kann. Und diese Thatsache ist eben die schon von den Alten und seit der Reformation bezeugte, daß über dem Umgange mit diesem Buche jeder ebenso wie die Kirche die Erfahrung macht, welche Paulus in der besprochenen Stelle 1. Kor. 2, 4. 5 beschreibt.

Gott hat sein geistliches Haus, aus den lebendigen Steinen sündiger Menschen errichtet, ohne abschließende Sicherung gegen Heuchelei, selbstische Parteiung und wilde Irrlehren in die Menschheit hinein gebaut, und wir bekennen doch getrost, daß die eine heilige Kirche immerdar bleiben wird. Gerade ebenso ist dies Bibelbuch aus menschlichen Schriften zusammengefügt; keiner kann die Hände bezeichnen, welche es so gestalteten, wie es uns vorliegt. Ohne sonderliche nachweisbare übermenschliche Veranstaltung ist es bewahrt, verbreitet, übersetzt, und hat tausende und abertausende treuer Hände, glaubender Herzen, tiefgrabender, ehrerbietiger Geister in seinen Dienst genommen. Vergessen wir das nie! Durch alle Schwierigkeiten hindurch wird es zugänglich gemacht; und wo es zugänglich wird, da übt es alsbald seine anziehende und vielseitig fördernde Macht. Und wer diese Macht an sich erfahren hat, dem wird es auch nicht schwer, zugleich von seiner Bibel zu singen: „Das Wort sie sollen lassen stahn und keinen Dank dazu haben".

Es ist sehr kurz gesagt, was ich meine: Die Bibel bürgt selbst für sich und braucht keine Verbürgung in unsren Meinungen, sondern lediglich einen offenen Sinn für das, was ihr Kern und Stern, ihr eigentlicher Inhalt von Gottes wegen ist; daß sie nämlich den Heiland treibet, unmittelbar **und mittelbar**. Denn so ist es damit nicht gemeint, daß nur da Christus getrieben werde, wo der Name Jesus steht.

Wofür wir streiten, das eben ist's, was uns für unsre Bibel bürgt. Und wenn das oben (S. 3) nicht ganz richtig und vollständig sollte gegriffen sein, so wird von dem Mehreren oder Wenigeren eben dasselbe gelten. Was die Bibel ist und leistet, wie sie es geleistet hat, das sichert ihr den Platz da, wo wir uns nach den Gnadenmitteln Gottes unsres Heilandes umsehen, das veranlaßt unsren besprochenen Glauben an die Bibel. Und dabei bleibt es und wird es bleiben, ob wir eine genügende Ausdrucksweise dafür und eine genau umschriebene Erklärung dieser Thatsache finden oder nicht.

Das frische Rüstzeug, vom Schwertfeger selbst dargereicht (S. 33), das ist die immer fortschreitende Erkenntnis davon, was Gott der Kirche und eben damit und in der Folge auch jedem von uns an unsrer Bibel gegeben hat; die Freude daran, sich da hinein zu finden, wie er es uns in diesem sorglos zusammengekommenen, für den oberflächlichen Blick befremdlich gemischten Ganzen überliefert. Hamann, der ihre Wirkungskraft verspürt hatte und einen feinen Sinn für alles ihr Eigne behielt, hat einmal von ihr gesagt: an einem mit Lumpen umwundenen Stricke zieht uns Gott aus der Grube (vgl. Jerem. 38, 12). Es würde, so scheint es, ihn nicht gestört haben, was er heute von Zusammensetzung und Bearbeitung biblischer Bücher zu lesen bekäme. Es ist nicht an uns, die Forderung zu stellen, welcher Art das Mittel sein müsse, durch welches Gott uns seine Offenbarung unverkürzt und unverdunkelt bewahren will; vielmehr werden wir uns ohne Ärgernis und eigenweises Meistern in die Thatsachen zu finden und aus den Thatsachen die Gedanken zu erkennen haben, welche höher sind als die unsren. Wie der Heiland selbst, so seine Kirche, so seine Bibel; was in ihnen Gottes ist, das läßt sich nicht aus dem fleischlich Menschlichen aufzeigbar heraussondern; eben darum ist es durch Entäußerung unser geworden (Phil. 2, 6. 7; Joh. 1, 1. 14); wir erkennen es aber im Glauben. Auch wenn die Heilige Schrift nicht in Nebensachen unfehlbar ist, hört sie darum nicht auf, das Buch zu sein, „von Gott dem Heiligen Geist seiner Kirchen gegeben".

Sobald von dem wesentlichen Gnadenmittel, von dem des Wortes, die Rede ist, denken wir zunächst an unsre unzerrissene Bibel; das ist es doch, woran den meisten Anhängern der Verbalinspiration das Herz hängt. Sie sind gewöhnt, das Gnadenmittel in jener angenommenen Beschaffenheit verbürgt zu sehen. Wenn es sich von einander trennen läßt; wenn etwa ein aufrichtiger, geöffneter Blick sich dem Gegenbeweis gegen jene Unfehlbarkeit in dem Entbehrlichen nicht länger verschließen könnte und die Trennung also versucht werden m u ß, und wenn sie sich dann nicht so verhängnisvoll erweist; wenn **die Bibel uns doch** bleibt, was sie uns galt; — erweist sich dann jene Verknüpfung nicht in der That als ein Mißverständnis? Habe ich nicht recht? Wo man die Wörtereingebung verteidigt, da vertritt man eigentlich ein andres, höheres Gut (S. 28). In der That, auch wenn man sie nennt, man zielt nicht auf sie; mit ihr meint man allein streiten zu können; aber nicht um ihretwillen, nicht f ü r s i e streitet man. Und wenn und weil es nicht frommt, weil sie nicht deckt, sondern belastet und unsicher macht, so wollen wir denn auch endlich aufhören, überhaupt für sie zu streiten.

Wogegen streiten wir?

„Dein Streit ist ein Streit um Kaisers Bart"; so urteilen die, welche in der Verbalinspiration das Palladium unsrer Kirche sehen; und nicht minder die andern, denen sie ein Ärgernis ist; denn beide meinen, die Streitart sei begraben, sobald diese papierene Scheidewand falle. Und doch ist uns noch ein sehr ernster Streit beschieden, bei dem es erst ganz zum Entweder — oder kommt. Lassen wir den verborgenen Hintergrund für die Entstehung dieses einzigen Buches dahingestellt, es selbst bleibt doch unser Schatz und wir wehren uns gegen seine Entwertung und gegen seine Zerreißung. Diese Betrachtung führt in den brennenden Mittelpunkt des heutigen Kampfes; ein flüchtiges Wort wie dieses hat hier nicht zu erschöpfen; es kann nur die entscheidenden Punkte bezeichnen und muß ihre Ausführung vorbehalten.

Wir streiten gegen jede Beurteilung und jede Behandlung der Bibel, welche ihre grundlegende Bedeutung für unser Christentum beeinträchtigt. Und diese grundlegende Stellung eignet ihr deshalb, weil unser Christentum in jener vergangenen Geschichte gründet, die uns Gottes Offenbarung ist. Eben aus diesem Grunde kann das Christentum keiner Zeit und keiner Kirche oder Farbe über dasjenige der Apostel hinauskommen, sondern alles Christentum muß sich daran messen. Es ist gleichgültig, ob dies das Christentum der Päpste, dasjenige der Münsterschen oder der Butlarischen Rotte oder ob es das Christentum des modernen Bewußtseins und der Diesseitigkeits=Richtung unsrer Jahrzehnte ist. So gewiß wir nicht an Jesu Bewußtsein oder an seine Lehre, sondern an den ganzen Jesum Christum und sein Werk für uns glauben, ebenso gewiß haben wir es bei unsrem Glauben nicht nur mit Gedanken über Gott, mit Ideen und mit frommen Gefühlen und Antrieben, sondern mit Thaten des lebendigen Gottes zu thun. Und eben deshalb bleibt uns dieser Abdruck der Gottesthaten unentbehrlich und unübertrefflich und nie zu überbieten; der Abdruck in diesem Zeugnisse, dem Gott durch seine Fügungen in einer langen Geschichte sein Siegel aufgedrückt hat. Wir sehen auf diesen Blättern nicht bloß die zufällig erhaltenen Urkunden der Vergangenheit, sondern wir nehmen Zeugnis und Deutung derer an, die Vollmacht und Befähigung von Gott empfangen und deren Zeugnis er für wert erachtet hat, seine Kirche mit ihm auszustatten.

Und das um so mehr, weil eben in diesem Zeugnisse **jeder Christ** an jene Gottesthaten und an jene Gotteszeugen, ja an den Heiland selbst unmittelbar heran kommt, und, wenn er daran ist, keine Kirche und keine Geschichte und keine Zeitmeinung oder Zeitbildung weiterhin zwischen ihn und jene Gottes=Offenbarung treten muß.*) Das ist doch die geschichtliche Art und Weise, wie der lebendige Stein, der Eckstein an dem Grunde der Apostel und Propheten gelegt ist, auf den ein jeder Christ als lebendiger Stein aufgebaut wird und sich auferbaut (1. Petri 2, 4. 5; Eph. 2, 20).

Diese Gründe veranlassen uns, einer Reihe von Urteilen und Verfahrungsweisen in biblischen Dingen mit scharfer Bezweifelung entgegenzutreten. Wo — daß es kurz gesagt sei — uns zugemutet wird, in den biblischen Büchern nur die Urkunden für Stufen der Religionsgeschichte zu sehen, über die wir längst hinaus sind, da erheben wir Einspruch. Es läßt sich freilich nach=

---

*) Wenn es auch geschehen kann und nicht selten geschieht.

weisen, daß die Überlieferungen von vielen geschichtlichen Stoffen in der Bibel kaum oder gar nicht von Anfang an schriftliche sein können; trotzdem gestehen wir nicht zu, daß damit nun auch sogleich bewiesen sei, der Inhalt könne nicht geschichtlich sein, sondern müsse seinen Ursprung zugleich aus willkürlicher oder unwillkürlicher Dichtung erhalten haben. Läßt sich eine Übung der Gemeinde nicht zweifelfrei auf Jesum oder die Urapostel zurückführen, gestehen wir darum den Vermutungen der Kritiker nicht mehr Recht zu als der Erinnerung der ersten christlichen Jahrzehnte. Wenn die angeblichen Ergebnisse der annoch sehr unreifen vergleichenden Religionswissenschaft maßgebend scheinen, um danach die Darstellung der Bibel zu beurteilen, mit dem beginnen wir ehrlichen Krieg; und nicht minder mit denen, welche das Hegelsche Gesetz der aufsteigenden Entwickelung für gewisser achten als die zweckmäßige Erziehung des Gottes, der sich an Israel offenbart hat. Und wenn man uns ein Christentum anbietet, welches den Ausweis seiner Christlichkeit an der Bibel nicht leisten mag oder will, so lehnen wir es ab.*)

Das alles schlösse uns eine wesentliche Entwertung unsrer Bibel ein.

Im Zusammenhange damit verwahren wir uns auch gegen die Zerreißung unsrer Bibel. Das scheint freilich eine verwickelte Angelegenheit, selbst für diejenigen, welche sich auf die Verbalinspiration stützen; schon der einst sehr eifrig geführte Apokryphenstreit und die noch zu Hengstenbergs Zeit neu entbrannte Fehde um den Jakobusbrief stellen das vor Augen; denn sie vergegenwärtigen die Unsicherheit des Umfanges unsrer Schrift in verschiedenen Kirchen und zu verschiedenen Zeiten. Für die Hauptsache hat das aber wenig zu sagen. Mir liegt auch durchaus fern, hier an das zu denken, was die Gelehrten über die Zusammensetzung der einzelnen Schriften aus Stücken

---

*) Eine etwas weitere Ausführung folgt bald, wo im folgenden Abschnitt über die neuerdings kurzweg „Kritik" genannte Behandlung der Bibel auf Universitäten geredet wird; ich bitte das zu vergleichen.

oder Bruchstücken lehren; das kann alles seine Richtigkeit haben, und doch bleibt unsre Bibel ein Ganzes. Gar nicht ein in sich gleichartiges Ganze, in dem jedes Stück und jeder Teil denselben Wert hat; vollends gewiß nicht denselben erbaulichen Wert, will sagen: dieselbe Kraft, Glauben zu wecken und zu fördern. Aber dagegen streiten wir und verwahren wir uns, wenn man uns einen beliebigen Katechismus, und sei er noch so dünn, aus dieser Bibel herauszieht und den als das Gotteswort in der Bibel bezeichnet; wenn man ein Evangelium anpreist, das mit der Dogmatik der Apostel und mit den dem alten Testamente entlehnten Anschauungen nichts zu thun habe; wenn man von einander reißt, was Gott so wunderbar in diesem Buch für jeden hingebenden Leser und Forscher zusammengeknüpft hat: Vorbereitung, Verheißung und Erfüllung; Gesetz und Evangelium; Leben und Lehre; Glaubenskampf und Lebensweisheit; breite Lagerung geschichtlicher Volksbewegung und geheimste Kämpfe der ringenden einzelnen Seele; Vollkommenheit in der einzigen Gestalt unsres Heilandes und unendliche Abstufung in denen, die ihm vorangehen und die ihn dann bezeugen und abschatten; wirksames Gotteswort, vielteilig und vielartig, und seine Wirkungen in allen Abwandlungen und Ausgestaltungen von Glauben und Unglauben .... Jeder „Bibelverehrer" wird fortfahren. Und jeder Theologe wird an die Irrungen denken, welche Einseitigkeiten in der Anlehnung an die Bibel hervorriefen, und an die durchschlagende Zusammenfassung in der „Erneuerung des Evangeliums". Auf solche Betrachtungen gestützt sind wir mißtrauisch gegen jeden Versuch, das reine, rechte Gotteswort säuberlich aus seiner ihm von Gott gegebenen geschichtlichen Gestalt herauszuschälen. Was ein Katechismus wert ist und wie notwendig er sei, wissen wir auch, und denken ebenso von einer Dogmatik; wir verwahren uns aber gegen ihre Gleichstellung mit der Bibel.

Aber nicht allen erscheint dieser Reichtum der Bibel ein Vorzug, und namentlich scheint er vielen nicht dazu angethan, sie für ein Richteramt zwischen Meinungen geschickt zu erweisen. Gerade solche, die sich klar geworden sind, daß sie nicht ein wunderhaftes Orakelbuch an ihr besitzen sollen, sondern den Fundort der Offenbarung unsres Gottes, fragen besorgt, wo ist die Grenze zwischen dem bloß Menschlichen und demjenigen, was von Gott stammt? woran kann ich mich unbedingt halten? wo muß ich prüfen?

Fragst du ernsthaft nach dem, was „zu wissen zur Errettung not ist", so antworte ich mit dem seligen Tholuck: „Die meisten werden durch die großgedruckten Stellen in der Bibel selig". Fragst Du aber nach mehr, nach der Erhebung aller Schätze der Weisheit und Erkenntnis (Kol. 2, 3), so erinnere ich noch einmal an D. Luthers Wort: „Die Bibel ist das Buch, von Gott dem Heiligen Geist der Kirche gegeben". Und gegen eine Mißkennung dieser Einsicht streiten wir auch.

Allerdings ist die Bibel keine Musterpredigt, keine Bekenntnisformel und auch kein Katechismus; auch enthält sie nur wenige Stücke, die sie selbst als solche Auszüge heraus hebt; als etwa die zehn Gebote, das Unservater und etliches dergleichen. Darum eben ist sie nicht bestimmt, das erste Lehrbuch für jeden einzelnen zu sein, und auch für ein Erbauungsbuch ist sie in vielen ihrer Teile nicht zweckmäßig geartet. Unter dem Mißverständnisse, daß dem so sei, hat das Bibelwort viel gelitten, indem es gequält, gezerrt und verkehrt worden ist, um etwas zu leisten, was es nicht in sich trug; und es haben die Leser gelitten, welche meinten, es liege an ihnen, wenn sie nicht überall Förderung des inneren Menschen fänden. Das ist die Folge von einer einseitigen Übertreibung eines reformatorischen Erwerbes. Erklärte und machte man die Bibel nach Kräften allen zugänglich, so erschien späteren Zeiten und besonders eifrigen Kreisen das erst die rechte Höhe eines Christenlebens, wenn der einzelne Christ ganz wie neu einsam aus der Schrift seinen Glauben und seine Erkenntnis erhebe, als hätte er keinen vor und neben sich. Das ist eine künstliche Vereinzelung, bei der es noch dazu nie ohne Selbsttäuschung abgeht. Dieser Vereinzelung entstammt zu nicht geringem Teile, was unsre Alten die „Singularitäten" der christlichen Separatisten und Einspänner nannten. Diese Vereinzelung, diese einseitige Betrachtung der Bibel als des Lehr- und Erbauungsbuches für einen jeden von uns, bringt viel von unsrer Unsicherheit hervor, weil man sich mit dem ganzen biblischen Stoff meint abfinden zu müssen und zu sollen, während man das doch nicht vermag. Dann wird der Ruf laut: wo sind die sichern Grenzen der Offenbarung. Und doch gibt es jene „großgedruckten" Stellen. Die haben nicht bloß Herausgeber oder Setzer angezeichnet; vielmehr, wenn sie es thaten, so sind sie darin meistens lediglich einer Übereinkunft gefolgt, welche sich thatsächlich im Gebrauche der durch die Zeiten und die Länder hin zerstreuten Kinder Gottes vollzogen hat.

D. Luther hat ja bei seinem Worte von der Kirchen Buch, nicht an die Anstaltskirche und ihre inspirierte Auslegung gedacht, noch weniger an jene Kirchen, welche aus seinem Auftreten hinterher hervorgingen, sondern an die eine heilige christliche stetig bleibende Kirche. Für die langlebige Christenheit mit ihren unzähligen Bedürfnissen, die keiner von uns vollständig übersieht, ist die Bibel da als Abdruck der Offenbarung unsres Gottes. Dem einzelnen Bibelleser mag es genügen, wenn ihm die biblischen Erzählungen Parabeln oder Musterbeispiele von Frömmigkeit und Sittlichkeit sind; für das umfassende und eindringende Verständnis heben sich unter ihnen die Glieder eines großen Vorganges heraus, in welchem Gott seinen ganzen Rat vollbracht und zugleich enthüllt hat (Apostg. 20, 27; Eph. 3, 3—12). Und wer möchte sich unterwinden, im einzelnen aufzuzählen, wie das gelte. Gewiß ist jedoch diese in Schriftwerken kristallisierte Welt der Vergangenheit ein Bergwerk für eine geistliche Gewerkschaft, und dies Bergwerk ist noch nicht abgebaut. Ein einzelner aber wundere sich nicht, wenn er sich nicht überall zurechtfinden kann. Die Werkführer wissen, wo die edlen Gesteinmassen anstehen; brauchst du sie und folgst ihrer Weisung, dann kannst du zweifellos dich überzeugen durch Auge, Hand und wodurch sonst, daß dies in der That das edle Gestein sei, und kannst dich nach Bedarf versorgen. Das ist freilich keine Sache bloßer aufmerksamer Schriftlesung, sondern dazu gehört einerseits ein inneres Reifen, dem dann auch ein Unterscheidungsvermögen zuwächst (Röm. 12, 2); und für dieses Reifen ist man auf die geduldige Einfügung in das Wachstum des ganzen Leibes Christi gewiesen, welches sich durch die von ihm verliehenen Dienste vollzieht (Eph. 4, 11—16).

So weist sich dir die Kirche an der Bibel aus, indem sie dich in der Bibel zurechtweist. Und wer nicht die Last über sich nimmt, sich ein neues sonderliches Christentum aus der Bibel zu besorgen, sich vielmehr begnügt, an ihr zu belegen, zu sichten und zu ergänzen, was ihm sonst entgegengebracht wurde, der wird auf die Dauer nicht durch die Frage beängstigt werden, woran man das zweifellose Gotteswort in der Bibel vom Menschlichen behufs der Aussonderung unterscheiden könne. Damit aber diese Sorge und Unruhe mehr und mehr zurücktrete, darum streiten wir auch gegen diese falsche Gewöhnung, in der man die Bibel mehr des einzelnen Christen Buch sein läßt als der Kirchen Buch. Denn daraus fließt auch ein nicht geringer Teil der Mißstimmung, mit welcher Bibelfreunde auf die Theologen und ihre Arbeit an der Bibel blicken, die doch unerläßlich ist und ohne welche sie gar nicht Bibelfreunde sein könnten.

Jene Mißstimmung ist gewiß nicht durchweg unberechtigt; aber da man die Kirche des D. und Professor Luther schwerlich von der Theologie lösen kann, so wird man sich ebenso mit ihr zurechtfinden müssen und auch die Theologie ihrer Pflichten warten lassen, wie man sein Recht behauptet, nicht ihr Mündel zu sein. Um nun an diesem Punkt noch zur Beruhigung beizutragen, wenden wir das Blatt und fragen:

Wogegen streiten wir nicht?

Natürlich streiten wir wider alles, was unsren Überzeugungen widerspricht und behalten uns vor, unsren Widerspruch vernehmlich und, wo es am Platze ist, mit seiner Begründung vorzubringen. Aber wir streiten dagegen nicht, daß andre Überzeugungen und Meinungen laut werden. Ein für allemal sollen wir uns sagen, daß ein solcher Streit unzweckmäßig wäre. Mag einem auch das Herz darüber bluten, daß Irrtümer verkündet werden, welche die Seelen verderben oder auch nur in ihrem Fortschritte schädigen; ihre gewaltsame Zurückdrängung aus dem öffentlichen Verkehr ist doch nicht das rechte Gegenmittel, denn sie ist nie auf die Dauer wirksam, gibt ihnen nur eine höhere Anziehungskraft und vermindert Anlaß und Gelegenheit, gegen sie die einzige wirksame Arznei anzuwenden, nämlich eine richtige und ernsthafte Widerlegung. Das öffentliche Ansehen und das allgemeine Vorurteil sind leider bedenkliche Bundesgenossen für die Wahrheit. Man wird sie nicht ablehnen können und sollen, wo sie sich freiwillig einstellen; aber man darf nicht um sie werben und keinesfalls auf sie rechnen. Die erziehende Macht eines öffentlichen Ansehens wollen wir nicht verkennen; indes Erziehung hat immer nur bedingte Geltung. Und man darf nicht vergessen, daß der Vorteil, den die Gunst der bestehenden geltenden Größen einträgt, zu gutem Teile aufgewogen wird durch die Ungunst, mit der die gegensätzlichen aufstrebenden Richtungen um der Verbindung willen auf das begünstigte Evangelium sehen. — Nicht das tief gegründete Ansehen, sondern die berückende Fertigkeit und der äußere Erfolg machen Rom so einflußreich.

Was nun weithin Unruhe und Besorgnis erweckt, das ist die theologische Arbeit, die man unter dem Namen der Bibel=Kritik zusammenfaßt. Es ist die Anwendung wissenschaftlicher Verfahrungsweisen auf die biblischen Bücher; dabei sind Sprachwissenschaft und Geschichte, sowie die neuerdings gewaltig gewachsene Kenntnis des frühesten Altertumes in Verwendung. Es wäre ganz umsonst, wenn man versuchen wollte, die Bibel diesen Forschungen zu entziehen. Sie ist, ganz abgesehen von unsrer Glaubensschätzung, ein zu wichtiges Altertum, als daß die Gelehrten auf sie verzichten könnten. Und wenn diese die Bibel nach ihrer Weise und mit ihren Voraussetzungen behandeln, so müssen wir das ruhig geschehen lassen, und sollten es auch getrost thun, und zwar um so getroster, je höher wir unsre Bibel halten.

Auch gegen die Anwendung jener Fertigkeiten im Dienste des christlichen Verständnisses der Bibel sollten wir nicht streiten. Viele unter uns verdanken Albrecht Bengel und seinen Schülern, M. F. Roos und den beiden Rieger zumal, viel für ihr Christentum. Nun, Bengel hat die Arbeit durchschlagend zur Geltung gebracht, in welcher die Unsicherheit des Wortlautes unsres Neuen Testamentes die Voraussetzung bildet, die sogenannte Textkritik. Es läßt sich durchaus nicht im voraus feststellen, welche sonstigen Fertigkeiten der Sprachwissenschaft und Litteraturkunde angewendet werden dürfen, und welche nicht. Und wie man sich längst dahinein gefunden hat, daß man verschiedene Lesarten in unsren beiden Bibelteilen hat und über sie vielmals nicht zur Gewißheit kommen kann, so wird man sich gewiß auch damit abfinden, daß es ähnlich mit den beiden Sammlungen und mit der Abfassung und Herkunft ihrer einzelnen Bücher steht. Unter der sorgfältigen Untersuchung eines Bengel kamen in dem Neuen Testamente Schätze zu Tage, die man vorher nicht erkannt hatte; er gewann zuerst den Blick für die Geschichte des Reiches Gottes. Die geschicht=

lichen Untersuchungen unsres Jahrhunderts haben durch die
Nötigung, sich in die Vergangenheit zu versetzen, ebenso ganz neue
Einblicke in die neutestamentlichen Schriften erschlossen; Ähnliches
wird auf dem Gebiete des Alten Testamentes nicht ausbleiben.
Solcher Fortschritte im Verständnis können wir aber gar nicht
entbehren, denn sie befähigen die Kirche, den neuen Bedürfnissen
sich wandelnder Zeitverhältnisse entgegenzukommen. Worin diese
aber bestehen, können die Mitlebenden im voraus schlechterdings
nicht übersehen.

Freilich über die Art, wie man diese Verfahrungsweisen
dann auf die Schrift anzuwenden hat, läßt sich streiten und muß
gestritten werden. Das aber ist ein Streit auf einem andren Ge=
biete, als dasjenige ist, auf dem unsre Erörterung sich eigentlich
bewegt. Weil aber die Grenzen sich leicht verschieben, kann ich
es nicht vermeiden, noch einmal auf das zurückzukommen, wogegen
wir in der That streiten.

Was wir sorgfältig zu sondern haben, das ist unsres Er=
achtens die geschichtliche Beschaffenheit der uns in der Bibel
erhaltenen Bücher einer= und anderseits die Geschichte selbst, aus
der sie letztlich stammen und von der sie zeugen. Es liegt auf
der Hand, daß diese Sonderung keine Trennung sein kann, da ja
geschichtliche Erzeugnisse in die Geschichte hinein gehören: nur
durchaus nicht immer und allein in diejenige Geschichte, welche
ihren Inhalt bildet, und das ist wohl zu beachten.*) Denn in
diesem Falle ist meistenteils die Geschichte für die Leser wichtiger,
von der die Schriften berichten, als diejenige, in die sie selbst

---

*) Das sog. 1. Buch Mose z. B. gehört ja deutlich nicht in die
Patriarchenzeit hinein, sondern frühestens doch in das Leben des Mose
oder, wie heute die meisten meinen, in die Zeit der Propheten. Das
fünfte wird mit Rücksicht auf 2. Kön. 22 in die Endzeit des Königs
tums hineingesetzt. Im allgemeinen gehören beide Bücher in die Geschichte
Israels, auch in seine religiöse Entwickelung hinein; aber zu den in ihnen
selbst geschilderten Thatsachen stehen sie nicht in unmittelbarer Beziehung,
wenn jene Annahmen richtig sind. — Die vier Evangelien gehören in die
Entwickelung der Urgemeinde hinein, wenn sie z. B. nach Godet, für be=
sondere Zwecke gestaltet sind, die sich aus den Verhältnissen jener Zeit ergaben.

als Stücke hineingehören; bei den vier Evangelien liegt das auf der Hand.

Diese Sonderung fordert, so weit ich sehe, die Bibel selbst. Die gesamte Darstellung der Geschichte ist von der Anschauung getragen, daß sich hier völlig unvergleichliche Vorgänge vollzogen haben; die einzelnen berichteten Wunder sind, recht geschätzt, mehr nebensächliche Züge in diesem großen Vorgange; die Hauptsache ist das besondere Verhältnis, in welchem die Träger der Geschichte zu Gott stehen, und die Art, wie demgemäß Gott in diese Geschichte eingreift, um sie seinem Willen entsprechend zu bestimmtem Ziele zu führen. Dagegen findet man in den biblischen Schriften nirgends eine Andeutung, daß sie in ihrer schriftlichen Gestaltung nicht durchweg die Art von ihresgleichen sonst an sich trügen. Was dagegen angeführt wird, das bezieht sich entweder auf Herkunft und Bedeutung ihres Inhaltes, z. B. Offenbarung 22, 18. 19, oder es sind neutestamentliche Rückweise auf die alttestamentliche Schrift; sie betonen sehr kräftig: „es stehet geschrieben". Aber auch diejenigen Ausdrücke, in denen die Schrift personifiziert erscheint (Gal. 3, 8. 22) oder wo sie als Äußerung des Heiligen Geistes angeführt wird (z. B. Ebr. 3, 7), fordern doch nichts anderes als die Anerkennung, daß in diesen Schriften die Offenbarung Gottes zu Wort (Ebr. 1, 5 f.) komme; daß sie unter Leitung Gottes, seinen Absichten zu Dienst, entstanden und bewahrt sind (Röm. 4, 22 f.; 15, 4 f.; 1. Kor. 10, 11). Sie stehen unter Kausalität und Teleologie des sich offenbarenden und auf Christus und seine Gemeinde abzielenden Gottes (unter der veranlassenden und bestimmenden Leitung Gottes, im Zusammenhange mit seiner Zwecksetzung). Wie es nichts auf sich hat, wenn dabei neutestamentliche Schriftsteller alttestamentliche Verfasser verwechseln (z. B. Matth. 27, 9) und auslegende Überlieferungen mit dem Wortlaute zusammenfassen,*) so kann es auch jenem Werte nichts anhaben, daß man nun Untersuchungen über die Zusammensetzung, die Fundorte der zusammengeordneten Stücke, Verfasser und Ent-

---

*) Mehrfach in Apostelgesch. 7, 13 und im Br. a. d. Ebr.

stehungszeit anstellt. Das nennt man Litterarkritik. Daß diese Untersuchung auf allerlei Unsicherheiten und Dunkelheiten hinauskommt, kann nicht gefährlicher sein, als wenn man bisher eine Menge sehr leichthin gemachter Vermutungen der alten Juden und der Kirchenväter über diese Schriftstücke immer wieder weiterberichtet und festhält. Hat dieses der Hauptwirkung der Bibel keinen Eintrag gethan, so wird es auch jenes nicht thun. Die Sterne Gottes leuchten eben am dunkeln Himmel. Das gilt von allem Gotteswort; nur diejenigen Thatsachen aus der Vergangenheit kommen in das Licht, welche es selbst erhellt; das Übrige gehört der Vergessenheit.

Diese litterarkritischen Untersuchungen achten wir, sofern sie mit sicheren Ergebnissen die Auslegung unterstützen. Weil sie weniger Sicheres ergeben, als es oft scheint, teilen wir ihre Überschätzung innerhalb der theologischen Bibelforschung nicht. Wir streiten gewiß nicht gegen sie selbst an sich; aber wir haben ernstliche Verwahrungen gegen die vielfach übliche Art ihrer Verschlingung mit der kritischen Historie oder Geschichtsforschung und -darstellung.

Eine umfassende Erörterung dieses verwickelten Gegenstandes muß einer andern Gelegenheit vorbehalten bleiben. Greifen wir deshalb die Punkte heraus, an welchen die reizbarsten Interessen haften; das ist das Leben Jesu und die Urgeschichte. Über jenes hat man keine Urkunden nach derjenigen Art, wie man sie für zuverlässige Biographieen fordert, und für die Urgeschichte fehlen naturgemäß alle Quellen, welche dem Verlauf auch nur annähernd nahe stehen. Es kann nur von mündlicher Überlieferung, von „Sage" die Rede sein oder — von Dichtung. Versucht man nun, mit den sonstigen Mitteln der Wissenschaft hier einzudringen, dann zieht man Rückschlüsse und stellt Vermutungen im Anhalt an das auf, was man sonst Vergleichbares gefunden hat oder gemeint hat zu finden. Bei diesen Vermutungen üben nun „Weltanschauungen" und Auffassungen von dem üblichen Verlaufe menschlicher Dinge einen großen, oft den entscheidenden Einfluß. Wie hat man einst von der unverdorbenen Einfalt kulturloser

Zeiten geschwärmt! Wenige Zeitgenossen halten sich frei von verbreiteten Vorurteilen solcher Art, die meistens schwer zu widerlegen sind, weil sie mit der Wirklichkeit nicht in Berührung kommen. Wissenschaftliche Entwürfe, deren Erfinder längst zum alten Eisen geworfen sind, bestimmen oft noch lange, den meisten unbewußt, die allgemeine Denkweise. Das gilt auch für die neuere Art, die Entstehung der Religionen darzustellen; und das gilt dann weiter von dem Verfahren, diese Anschauungen als Analogieen zur Beurteilung und Zurechtrückung oder zur „Kritik" biblischer Überlieferung zu verwenden.

Gewiß kommt die Erfahrungswissenschaft nicht voran, ohne Vermutungen aufzustellen und ihre Bewährung zu versuchen; auch ist es ein unerfüllbares Verlangen, daß die Arbeiter nicht unter dem Einfluß von Geschmack und Richtungen ihrer Zeit stehen sollten. Und durch manche Fehlgriffe kommt die Forschung wirklich vorwärts. Eben deshalb muß die „Wissenschaft" sich dem Leben gegenüber ihrer Bedingtheit bewußt bleiben; oder besser, man sollte das in der Schätzung der in einer bestimmten Zeit wirklichen Wissenschaft nicht vergessen. Welches Unheil haben nicht schon die leidenschaftlichen Versuche angerichtet, wissenschaftliche sogenannte Prinzipien in der Wirklichkeit zur Herrschaft zu bringen. Wie oft hat schon die Forschung einst bewunderte Theorieen und Kritiken als leere Vorurteile und Voreiligkeiten erwiesen! Es wird ja — wie oben bemerkt — nicht zu hindern sein, daß man auch die Bibel als Übungsfeld für Altertumsforschung bestellt. Allein Theologen sollten sich die Nüchternheit bewahren, die Proben von unsicherem Tasten der Altertumsforschung auf dem Gebiete des religiösen Lebens nicht als maßgebende Ergebnisse der Wissenschaft zu behandeln und zu verkünden; und auch die Selbständigkeit sollten sie besitzen, daß sie es ertragen können, eine Zeitlang als Zurückgebliebene bezeichnet zu werden. Wer warten kann, erlebt auch in der Wissenschaft überraschende Umschwünge. Und „Bibelverehrer" brauchen sich nicht dem Schreckbilde einer unfehlbaren Wissenschaft und ihrer vernichtenden Verdikte andächtig zu unterwerfen; dazu dürfen diejenigen unter ihnen sie zuversichtlich ermutigen, deren Lebensaufgabe die Mitarbeit in dieser Wissenschaft ist.

Wir streiten nicht dagegen, wenn die kritische Geschichtsforschung ihr non liquet über die Zeit vor Mose ausspricht, und würden ihr auch zuverlässige Behauptungen über Jesum ganz gern erlassen. Wir streiten aber wohl dagegen, wenn sie, gestützt auf das unbewiesene Vorurteil, daß die biblische Fassung der Offenbarung nicht richtig sein könne, urteilend oder gestaltend in die Gebiete hineingreift, welche vorsichtiger Geschichtsforschung unwegsam erscheinen müssen, — bei denen wir aber nicht anders können, als des Wortes aus dem feurigen Busche gedenken (2. Mose 3, 5).

———

Wogegen wir ferner nicht streiten sollten, das ist die Behandlung dieser Dinge an den theologischen Fakultäten. Die künftigen Geistlichen müssen um das wissen, was man außerhalb ihres Kreises von der Bibel und vom Christentume denkt; sie müssen die Kritik kennen, damit sie ihr gewachsen seien. Und selten wird jemand ihr gewachsen sein, der nicht ihre Stärke einmal empfunden hat; jedenfalls wird ein solcher schwerlich geeignet sein, jemandem herauszuhelfen, der ihrer Übermacht verfallen ist. Damit meine ich gar nicht bloß studierte Theologen, sondern auch die sogenannten Laien, und zwar, wie die Sachen liegen, auch die Laien, die eben nur mit dem Abhub der gelehrten Arbeit versorgt werden. Man ist heutzutage in weiten Kreisen im Urteile sehr geübt. Eine abschätzige Beurteilung, der man Unkenntnis abmerkt, wird wenig Eindruck machen. Dagegen eine Erörterung, in der der Gegner den Griff des im wirklichen Kampfe Geübten spürt, nötigt meistens mindestens Achtung und Aufmerksamkeit ab. Darf man nicht eine Fügung der Vorsehung darin erkennen, wenn die Entwickelung der Theologie unsren Nachwuchs nötigt, sich allseitig über die Unterlagen des geschichtlichen Christentumes zu unterrichten und zu vergewissern, in eben der Zeit, die eine allumfassende Bezweifelung seiner Geltung in die breiten Massen der Völker eindringen sieht?

Man kann auch beobachten, daß diejenigen von uns, welche in ihrer Studienzeit vor drei oder vier Jahrzehnten mit den Vorläufern der jetzt eifrig vertretenen Kritik des Alten Testamentes bekannt gemacht worden sind, weit weniger unter ihrem überwiegenden Eindrucke stehen im Vergleiche mit andern, welche sie mehr plötzlich in ihrer ausgebildeteren Gestalt kennen lernten. Die jungen Männer sollen doch nachher auch im sachlichen Streit ihren Mann stehen. Übrigens beklage man sie nicht übermäßig; es haben schon andre Geschlechter vor ihnen solche Kämpfe durchmachen müssen. Die Ältesten unter uns könnten wohl auch ein Lied davon singen.

Ohne Zweifel würde es ganz vergeblich sein, wenn man Theologenschulen gründen wollte, auf denen diese Art der biblischen Wissenschaft grundsätzlich ausgeschlossen würde. Die Brüdergemeinde hat es in ihren Seminaren schon mehr als einmal erfahren, daß die zeitübliche Theologie doch eindringt. Und nicht anders geht es mit den Lehranstalten der englischen Kirchengemeinschaften oder in Amerika. Man müßte sich schon zur römischen Klerikalerziehung entschließen, wenn man seine Jugend abschließen und sichern wollte. Stößt man sich an einem Zuge selbstgewissen Aburteilens, mit welchem das junge Geschlecht über das hinaus fährt, was den Alten ehrwürdig war und bleibt, so meine man nicht, man werde die Lernenden davor bewahren, wenn man sie in Unkenntnis erhält und ihnen andre Anschauungen einzuprägen sucht. Es ist geschehen, daß in engen Anstalten erzogene Jünglinge durch Widerspruch in eine verneinende Stimmung geraten waren, aber wieder aus ihr heraus kamen, als sie sich einem „altgläubigen" Lehrer völlig frei auf der Universität anschließen durften. Was sich vor der Zugluft abschließt, macht nie den Eindruck der gesunden Kraft und am wenigsten auf die Jugend. — Und dabei soll man nicht vergessen, daß die Winde wechseln; mein Denken hebt mit der Hegelei an; — was für wechselnde Strömungen haben seither die akademische Jugend durchzogen, und aus allen hat sich der Herr der Kirche Zeugen und „Bibelverehrer" geholt. Es wird so bleiben.

Machen wir uns auch an dieser Stelle das erstrebenswerte Ziel ganz klar. Unsre theologische Jugend soll für den Dienst am Worte vorgebildet werden, und für diesen erscheint uns die Hingebung an die Schrift unerläßlich (S. 18 f.). Unmöglich kann man vorschreiben wollen, welches Verständnis der Bibel und welches Verfahren in ihrer Behandlung angewendet werden soll. Solche Satzungen hätten einen Luther, einen Bengel, einen Francke, einen Hofmann, einen Beck, einen Tholuck unmöglich gemacht. Mit dergleichen Vorschlägen möchte man hindern, daß die jungen Männer sich aus der Heiligen Schrift heraus studieren, statt in sie hinein. Eine gewisse Gefahr nach dieser Seite liegt immer vor, wenn sie überwiegend die Hilfsfächer treiben statt der Lesung der Bibel selbst; aber sie ist auch eingetreten, wenn sie vornehmlich Philosophie und Dogmatik oder auch Geschichte trieben. Was man von der akademischen Methode fordern darf und an ihr vermissen kann, das ist umfassende Einführung in den gesamten Inhalt der Bibel, gründliche Bibelkunde, ehe die Schüler in die verschiedenartige Bearbeitung und Verarbeitung eingeweiht werden. Unser Universitätsunterricht überläßt überhaupt die unreifen Anfänger zu sehr der Selbstleitung; man setzt zu viel bei ihnen voraus; das ist auch an diesem Punkte ein Hauptschaden. Um ihn zu heben, darf man aber nicht sogleich alle sonstigen Vorteile dieser vielseitigen Bildung für die künftigen Leiter der Gemeinden daran geben. Daß ein Vorherrschen oder gar die Alleinherrschaft der kritischen Schriftbehandlung, welche sich selbst mit Vorliebe so nennt, nicht in meinen Wünschen liege, brauche ich am Schlusse dieser Betrachtungen wohl nicht erst zu versichern. Nur erkenne ich ein wirksames Gegenmittel nicht in Verboten und Ordnungen. In allen Dingen habe ich mehr Zutrauen zu lebendigen Kräften als zu gesetzlichen Bürgschaften. Akademische Lehrer sollten nicht empfindlich sein, sobald sich Kritik aus Gemeindekreisen vernehmlich macht, auch wenn man sie inhaltlich für irrig zu halten ein Recht hat. Anklage und Verantwortung gleicht sich aus und die weitere Bewegung bringt den lebendigen Bedürfnissen Abhilfe. Deshalb halte ich eine lebhafte Äußerung auch in den hier verhandelten Fragen für durchaus richtig und dienlich. In unsren Tagen der Öffentlichkeit ist öffentliche Verhandlung am Platze und wird vorwärts bringen. Unfehlbar sind ja weder Angegriffene noch Angreifer und jeder von ihnen hat sein besonderes Recht und seine besonderen Urteilsquellen.

Neben die offene Verhandlung und im Grunde vor sie, der Bedeutung nach, stelle ich noch eine andre Art lebendiger Kräfte. Sorgen wir für lebensvolle, der Sache mächtige Männer, welche der Jugend die andre Seite der Sache zeigen; das ist der einzige verheißungsvolle Weg, um auf sie zu wirken. Und wenn es eben mit dem Sorgen allein nicht gethan ist und gethan sein kann, — wir kennen doch das einzige Mittel, um des quälenden Sorgens Herr zu werden: bittet den Herrn der Ernte, daß er Arbeiter sende. Unsre Väter in der Reformationszeit verstanden unter den Propheten im Neuen Testamente die Bibelausleger und deshalb nannten sie ihre Bibelstunden die „Prophezeien". Ein echter Bibelausleger wird etwas von einem Propheten sein und haben müssen; denn „es will geistlich gerichtet sein". Nun sollen zwar die Geister der Propheten den Propheten unterthan sein; aber daß sie den Gemeinden und den Kirchenregimenten unterthan sein würden, so daß sie Propheten oder echte geistliche Ausleger kreieren und kommandieren könnten, das steht nirgends geschrieben.*) Wohl aber setzt Gott in der Kirche die Geistesgaben und die Herrndienste; auch die der Ausleger und Lehrer (1. Kor. 12). Darauf müssen wir hoffen und danach uns strecken.

---

*) Man sollte nicht vergessen, daß das Gleiche von Ministern gilt.

Weshalb streiten wir?

Sobald nun ein Wort zu gunsten der alten Lehre von der Heiligen Schrift laut wird, aber auch wenn man überhaupt ernstlich für ihr „richterliches" Ansehen eintritt, erheben die Gegner fast immer zwei Vorwürfe.

Der eine lautet: ihr habt eine unchristliche Vorstellung vom Glauben; er gilt euch für eine Zustimmung zu gewissen Lehren und diese Zustimmung seid ihr bereit im voraus zu geben, ehe ihr den Inhalt nur vernommen habt; das ist ganz römisch, auch wenn ihr an Stelle der Kirche die Schrift setzt.

Antwort: wir lassen uns dankbar die Prüfung gefallen, ob unser Glaube rechter Art sei; und bei der Prüfung haben auch wir gefunden, daß bei der Lehre von der Verbalinspiration die Gefahr nahe liegt, in einen solchen äußerlichen Glauben — man nennt ihn Autoritätsglauben — hinein zu geraten. Aber so braucht es nicht zu sein und das ist auch nicht der Ursprung unsrer Stellung. Um an Gott, wie er sich in unsrem Erlöser uns offenbart, zu glauben, müssen wir etwas von ihm und seinen Thaten wissen; und um zu wissen, können wir uns nicht mit bloßen Gefühlen, inneren Erfahrungen und dergleichen begnügen, sondern müssen klare Vorstellungen und Gedanken haben. Diese verdanken wir, unmittelbar oder mittelbar, der Bibel, und weil wir nun an Gott, ihm sei Dank dafür! in aller Schwachheit glauben und ihm Glauben zu halten begehren, so setzen wir in die Heilige Schrift das Vertrauen, daß Gott in ihr zu uns redet von allem, „was zu wissen für die Erlangung des Heiles not ist", und daß die Bibel eben das, auch dem Umfange des Nötigen nach, besser weiß als wir. Dies ist das Ansehen, welches wir ihr beimessen. Unser Glaube geht auch lediglich auf Gott; aber dazu bedürfen wir seines Wortes. Und wir können es nicht vergessen, daß unser Heiland selbst sich zurecht gefunden und verteidigt hat mit dem „es steht geschrieben", und daß er in seiner letzten Not ein Schriftwort gebetet hat.

Autorität hat erziehenden Wert, und wenn aus solchem Verhältnisse bewußter entschlossener Anschluß geworden ist, dann hat Autorität charakterfestigenden Wert; das wird im Kampfe wider die falsche Überschätzung oft übersehen. Autorität ergreifen und festhalten und anderen Autorität aufdrängen, sind zwei sehr verschiedene Dinge.

Es geht uns nicht um die Sicherheit knechtenden Gehorsams.

Der andre Vorwurf lautet: euer Festhalten am Ansehen der Bibel ist nur Bequemlichkeit; ihr seid zu unbeweglich, um vom Eingewöhnten zu lassen, zu lässig, um euch umzudenken, zu träge, um nicht die Auseinandersetzungen und Kämpfe zu scheuen, die mit solchen Änderungen verbunden sind.

Antwort: uns ist wirklich nicht unbewußt, daß dergleichen Neigungen sich leicht einstellen, zumal bei solchen, die einen wesentlichen Teil ihrer Lebensarbeit mit gewissen Überzeugungen gethan haben, und denen diese Überzeugungen dabei hilfreich gewesen sind. Wir wollen uns auch sagen, daß uns diese Kämpfe eben zu dem Ende beschieden sind, um in unsrem Denken und Glauben auszuscheiden, was jene natürliche Herkunft sein möchte. Allein, es sind doch etliche unter uns, welche ehedem sehr ähnlich dachten wie unsre Widersacher und nach ernster Lebensarbeit auch in der Wissenschaft lernten, auf jenen ange=

fochtenen Überzeugungen festen Fuß zu fassen, geraume Zeit, ehe manche unsrer heutigen Lehrmeister zu arbeiten begannen. Zu keiner Zeit jedoch haben alle einzelnen Christen solche Wandelungen der Denkweise selbständig durchmachen können; sie setzten sich allmählich unter dem Eindrucke der Berechtigung durch. Es werden auch etliche unter denen, die heute Adressen für freie Forschung unterschreiben, ihre ausgesprochenen Urteile nicht im Schweiße selbständiger Forschung erworben, sondern sich nur an den Ergebnissen begeistert haben, die man ihnen in den Schoß schüttete, ohne daß sie sich darum zu mühen brauchten. Anderseits wird man es nicht immer Bequemlichkeit schelten dürfen, man mag es auch Vorsicht heißen, wenn man jenen Eindruck von der Berechtigung des Neuen in denjenigen Kreisen nicht schnell gewinnt, denen an dem Verkehre mit der Bibel wirklich viel gelegen ist. Spricht man aber von Männern, welche berufen sind, in solchen Bewegungen mitzuarbeiten, so wird man in aller Bescheidenheit behaupten dürfen, daß es seit Jahrzehnten nicht bequem gemacht sei, zu selbständigen Ansichten über die Bedeutung der Heiligen Schrift zu kommen, und daß jedenfalls nicht träge am Alten hängen kann, wer es in neuer Art und Weise sich anzueignen und in Anschauungen zu fassen wußte.

Es geht uns nicht um das „Alter des Irrtums".

―――

Darum möchte ich auch hier allen Beteiligten zurufen: wir „Bibelverehrer" streiten nicht, um zu verteidigen, sondern um neue Eroberungszüge für die alte Wahrheit auszuführen, um dem alten und doch immer frischen Worte neue Wege und Zugänge zu den Menschen zu eröffnen.

Wir verteidigen nicht, denn wir brauchen das nicht. Sagen wir „Bibelverehrer" es uns untereinander, daß das Wort, daß die Heilige Schrift unsrer Verteidigung nicht bedarf. Unser Streit dürfte ruhen, wenn wir meinten, es hänge von der Bewahrung kirchlicher Lehren oder theologischer Meinungen ab, ob das Wort Gottes in der Bibel in Geltung bleibe. Es hat die

Finsternisse der Rohheit und die Verbote von Päpsten und Zaren durchbrochen „unverboten" (Apostelgesch. 28, 31). Ihm werden auch die neuen Beleuchtungen und die uralten, immer wiederkehrenden Abneigungen unsrer Zeit nichts anhaben und es nicht hindern, auszurichten, wozu es gesendet ist.

Wenn wir uns zum Streit aufmachen und uns um das sammeln, was wir nicht daran geben können (S. 11 f.), dann geschieht es um derer willen, denen wir diese Schätze gönnen, nicht zuletzt uns selbst, aber doch auch sehr wesentlich um derer willen, die der Lehre und Leitung bedürfen. Gedenken wir der Jugend, dann vollzieht sich ein Eroberungszug, wo man die Zukunft gegen Beraubung verteidigt. Wenn wir in die Massen der Volkskirche hineinsehen, die man doch ehrlicherweise nur als Saatfelder schätzen darf, so ist die Bemühung, ihnen die Verleumdungen der Bibel verdächtig zu machen, ein Eroberungszug. Wenn es doch gegeben wäre, hier einen großen Fischzug zu thun! Was wäre doch in dieser zerfahrenen Zeit, der heut gelesenen, morgen vergessenen Tagesblätter und Flugschriften nicht schon damit gewonnen, wenn man eine gute Anzahl Leute wieder zu „Lesern des einen Buches" machen könnte; „den Leser eines Buches scheue ich", denn darin lebt er, das beherrscht er. Es ist ein großer Unterschied, ob dem Menschen die christlichen Gedanken mit der sonstigen Alltagsware der Meinungskämpfe entgegenfliegen und mit ihr auch wieder verfliegen, oder ob sie ihm im stillen Verkehre seiner schwersten und seiner besten Stunde mit dem vertrauten Buche immer wieder gleichmäßig vor Seele und Gewissen kommen.

Wir streiten, mit einem Worte, um das Vertrauen zur Bibel als dem Worte Gottes. Es zu bewahren, wo es lebt; es zu festigen, wo es wankt; es zu wecken und zu gründen, wo es verloren ist oder nie vorhanden war, das ist unser Ziel; und dieses Ziel ist der Beweggrund unsres Kampfes.

Wir spüren es nicht nur in ohngefährem Eindruck, sondern wir wissen es genau, und können es verfolgen, wie sich ein Bangen verbreitet, weil man seiner Sache auf diesem Punkte nicht gewiß zu werden vermag. Diese Ängstlichkeit fragt: worauf kann man sich verlassen? was ist denn da Gottes Wort? Was ist christlich? Sie wirkt ein Umhergreifen nach andern Bürgschaften und Autoritäten. Dieses Bangen spricht sich zuletzt in Gereiztheit der Kampfesweise auf den verschiedenen Seiten aus.

Wir wollen redlich streiten, um dieser Unsicherheit mit Gottes Hilfe die Zuflüsse abzugraben, um das fröhliche Vertrauen unsrer evangelischen Kirchen, „der Kirchen des Wortes" zur Bibel zu erneuern. Man wird es in neuer Art und Weise, in neuen Anschauungen oder Anschauungsformen gewinnen müssen. Aber das Ziel ist wahrlich des Ringens wert; und man braucht nicht zu verzagen, weil es nicht in etlichen Jahrzehnten und mit etlichen Streitschriften erreicht ist und wird. Die Bibel soll uns und unsren Nachfahren der Sache nach ganz das bleiben, was sie unsren Vorfahren gewesen ist, die von Gott uns geschenkte unauflösliche geschichtliche Form für das Gnadenmittel seines Wortes; und wir wollen nicht vergessen, uns vorzuhalten, daß sie das bleiben wird, weil sie es von Gottes wegen ist. Daran kann ja die wechselnde Schätzung der sich ablösenden Geschlechter nichts ändern. Aber daß nicht nach uns eine Zeit komme, da Gottes Wort teuer werde in unsrer Kirche, deshalb und nur deshalb streiten wir.

Wir nehmen die Sache und die Sachlage nicht leicht. Es ist ein unberechenbarer Schade, der dem christlichen Namen droht, wenn in immer weiteren Kreisen das Ansehen der Heiligen Schrift verschwindet. Und aus den verschiedensten Quellen rieseln die Wasser zusammen, welche jene Wurzeln schließlich lockern, mit denen dieses Ansehen in den Herzen der evangelischen Deutschen seit Jahrhunderten angewachsen war; das einzelne Rinnsal scheint nicht mächtig genug, um zu schaden, und doch muß es abgegraben werden, damit der verderbliche Zusammenfluß ausbleibe. Und weshalb wäre der Schaden denn so schwer? Zunächst denkt man dabei selbstverständlich an das, was so eben und vorher (S. 20 f.) über das christliche Leben der einzelnen gesagt ist. Die meisten unter uns sind nicht im stande, von etlichen allgemeinen Gedanken und Vorschriften zu leben; der Vater, welcher seines eigenen

Sohnes nicht verschonet und uns seinen Messias mit seiner Vorgeschichte und seiner Reichsgründung geschenkt hat, der hat auch unser Herz mit seinem Zuge zu den lebendigen Gestalten geschaffen. Mit ihnen verwächst das Christentum der meisten, und Unzähligen dürfte wie den Korinthern das Wort des Paulus gelten: „wenn ihr Tausende von Zuchtmeistern in Christo hättet, aber nicht viele Väter, denn in Christo Jesu durch das Evangelium habe ich euch gezeuget" (1. Kor. 4, 15); aber ebensowohl gibt es andre biblische Zeugen, von denen Entsprechendes gelten mag. Diese Lebensbezüge statt kahler Gedanken, diese Lebenszuflüsse statt bloßer Aufgaben und Ziele, wie sie uns tragen, erquicken, erfreuen, so sollen sie vielen zugänglich bleiben. Man zweifelt ja, ob ein Mensch von den chemisch rein dargestellten Nährstoffen leben könne; die unerklärbaren, vielleicht unfeststellbaren Hüllen und Zusätze haben Nährwert. So ist es auch im Geistigen und Geistlichen. Das Unbestimmbare der Individualität und der anschaulichen Geschichte ist das Anregende und Erfreuende. Daß es uns nicht verloren gehe, auch deshalb streiten wir, wenn wir das Vertrauen zum Alten Testamente zu bewahren trachten. Aber es ist noch mehr zu erwägen. Es ist erschreckend, welche Entfremdung der Bildungsunterschied, die Parteischeidung, der Unterschied der Nationen (Rassen) zwischen den auf einander angewiesenen Menschengruppen hervorruft; der wilde, gelegentlich blaspheme Antisemitismus zeigt uns als Zerrbild, worauf das hinausläuft. Zum Teil ist schon die Geistesheimat, die Muttersprache verloren, welche die Bibel und ihre vielgestaltigen Abflüsse in Andachtbüchern, biblischen Geschichten, Liedern den Evangelischen und, sehr abgeschwächt, auch noch den Römischen geboten und angewöhnt hat. Geht das ganz verloren, dann wird Kaulbach unsrem Jahrhundert nicht umsonst so ergreifend die Völkerscheide gemalt haben. Von jener allgemeinen Geistesheimat und Muttersprache des innersten Herzens zu retten, was zu retten ist, das von neuem und noch kräftiger und tiefer greifend unsren Zeitgenossen zu bieten, das ist ein Arbeitsziel, des Schweißes der Edlen wert.

Und deshalb streiten wir. Wir wollen nicht etwa bloß verketzern und verdammen. Einfach zur alten Art und Weise zurück zu kehren ist ein Ding der Unmöglichkeit. Die Reformatoren haben auch einen Origenes, Augustinus u. s. w. nicht bloß wieder abschreiben können. Wir sind auf neue Mittel und Wege gewiesen, und die werden im Streit zu suchen und zu finden sein. Unter denen, die in nicht wenigem uns entgegenstehen, werden doch nicht wenige im Grunde auf dasselbe Ziel gerichtet sein. Mit ihnen wollen wir streiten, damit der Ertrag neuer Einsichten, neuer Weisen gewonnen werde, das geschichtliche Gotteswort den Leuten wieder und immer mehr zur lieben Geistesheimat zu machen. Die Einladung zu solchem friedlichen Streite wird doch vielleicht verstanden und angenommen, und der Blick auf den schweren Ernst sowie auf das gemeinsame Ziel führt dann zu Vorsicht, Schonung, Verständnis, wo bisher nur Ärgernis, Erbitterung und Schaden zu Tage kam.

Vermeiden wir jedoch dabei die Hast, welche meint das erzwingen zu können. Man bekommt wohl bisweilen den Eindruck, als durchziehe unsre Zeit eine Hast, welche es vor lauter Streben nach raschen und nächsten Erfolgen zur stetigen zielbewußten Arbeit nicht mehr kommen lasse. Auch die Christen werden von solchen Stimmungen angesteckt. Das Christentum hat a u c h die Verheißung des diesseitigen Lebens; seine Ernte für das Diesseits soll eingebracht werden. Die einen eifern: entledigt euch alles Entbehrlichen, macht das Evangelium den Leuten von heute unanstößig und macht dann seine sittlichen Kräfte, vor allem seine Liebeskräfte wirksam, um die Aufgaben zu lösen, die Gefahren zu beschwören. Die andern — und sie sind wohl zahlreicher unter den „Bibelverehrern" — mahnen: was wir brauchen, das ist Einheit und Klarheit; nur vom sichern Standpunkt aus läßt sich der Hebel ansetzen. Der Streit um die Bibel hemmt im thätigen Christentum; nur die alte Festigkeit und Sicherheit der Lehre kann uns helfen. So handeln viele einzelne; sie werfen hinter sich, was sie hörten, was sie vielleicht auch eingesehen hatten, oder verschließen ihre Ohren und ohne weiteres Kopfzerbrechen um das einzelne, stellen sie sich zur Bibel ohngefähr in der alten Weise, freilich meistens nur, wo es sich um den Grundsatz handelt. In der Verwendung der Bibel bleibt doch ein großer Unterschied gegen sonst; und namentlich ein dunkles Gefühl der Unsicherheit, ein Bewußtsein, daß es nicht ganz geheuer sei, hat doch leider die Unbefangenheit in der Gründung auf die Bibel gebrochen, und große Teile der Heiligen Schrift sind für den betreffenden „Totliegendes". Wie sich nun die einzelnen im Gedränge zurechthelfen, ähnlich denkt man es auch in den Kirchen zu machen. Wo sich Abweichungen von der alten Lehre zeigen, da soll Stillschweigen auferlegt werden oder: „schieblich, friedlich"; treibt euer Wesen draußen und laßt die Kirchen ungestört ihres Dienstes walten.

Der Seitenblick auf die römische Geschlossenheit ist schon oben (S. 14. 17 f.) in seiner verführerischen Macht, zugleich in seiner warnenden Bedeutung besprochen. Wo es sich um die Grundlagen unsrer Kirchen, um die tragenden Wurzeln unsres persönlichen Christentums handelt, da können wir dem Fragen und Prüfen nicht Halt gebieten, um rascher fertig zu werden; eben so wenig freilich zu demselben Ende die uns vertrauten Schätze voreilig preisgeben. Es ist beides ein vergebliches Unternehmen; denn ein scheinbarer rascher Erfolg wird sich bald in eine Niederlage wandeln. Auch die Apostel haben unter häuslichem Streite die Heidenwelt angreifen müssen und haben sie erobert.*) Wo an dieses Vorbild erinnert wird, wird uns gewiß der Ernst der Lage vor die Seele gestellt. Sie hatten die Unzugänglichkeit und die träge Widerstandskraft des Unverständnisses gegen sich, wir den Haß des Mißtrauens und die Hoffart vermeintlicher Aufklärung. Das sind sehr feste Mauern und für das Gift des Mißtrauens gibt es nur das eine Gegengift

---

*) Wie wenig Gal. 2, 7 f. ein Vertrag auf Kosten der Überzeugungen war, um mehr Erfolge zu erzielen, zeigt der Vorgang in Antiochia und der Kampf, welchen Paulus durch den ganzen Brief hindurch führt. Die Grundvoraussetzung blieb das nicht zu wandelnde Evangelium von Christo 1, 6 f., dem auch Petrus anhing 2, 16.

lauterster Wahrhaftigkeit (2. Kor. 4, 1—6). Die Verantwortung eines erläßlichen Streites sollte darum niemand leicht nehmen; es darf sich nur um solches handeln, was „zu wissen für die Erlangung des Heils not ist". Das soll und darf die Grundlage für eine sich bescheidende und aufrichtig friedvolle Gemeinschaft in der Arbeit sein. Und deshalb ist es ein unerläßliches Ziel, diese Grundlage klar und sicher zu stellen; und auch zu diesem Ende streiten wir. Stärken wir uns nun in und an dem, wofür wir streiten, dann wird es uns an der Kraft nicht fehlen; der Erfolg steht ohnehin bei Gott. Und der „eine sät, der andre erntet" (Joh. 4, 37). Haben wir Wort und Glaube, Bibel und einen Durst nach Gott, dem lebendigen Gott, so wird es uns auch weder an dem festen Stützpunkt fehlen, den Hebel einzusetzen, noch an der Wirkung, zu der wir berufen sind. Und eine andre haben wir nicht zu begehren.

Wir streiten nicht aus der Hast des Wirkenstriebes, die gleichgültig gegen die Wahrheit macht. Wir streiten, um den Samen nach Kräften rein, das Netz unzerrissen und das Schwert des Geistes scharf zu halten; jenes Rüstzeug, das allein unbedingte Verheißung hat.

Wie streiten wir?

Vor allem **nicht verdrossen** und verzagt. Gerade, wer sich auf seine Bibel stellt, der muß aus ihr gelernt haben, daß es allezeit in der Gemeinde Streit um die Wahrheit gegeben hat. Man merkt doch in den Briefen des Paulus weder papale Ansprüche, noch papale Erfolge. Der Streit ist uns von Gott beschieden (S. 5 f.). Gewiß hängt er mit unsrer Sünde zusammen; aber aus Sündlosen besteht ja die Christenheit nicht und mit voreiligen Träumen von vollkommenen christlichen Zuständen trübt man sich nur den **nüchternen** Blick für die Bedürfnisse und Aufgaben der Wirklichkeit. Gerade die Zerwürfnisse, die auch Tadel verdienen, sind doch in Gottes Hand Prüfungsmittel (1. Kor. 11, 18 f.). Und die Apostel selbst gehen uns darin voran, wie man notwendige Kämpfe als Pflicht auf sich nehmen, aber unter gegebener Bedingung ihnen auch ihr Schädliches nehmen kann (lies das 2. Kap. des Galaterbriefes und vgl. 1, 6 f.). Seit die Begründer der evangelischen Kirchen die einzige sichere Überlieferung von Christo her, die unwandelbare geschriebene, der angeblichen Überlieferung der römischen Religion gegenüberstellten, hat es keine Zeit eines unangefochtenen Besitzstandes gegeben; an die Kämpfe um das Dasein in den Religionskriegen haben sich alsbald die Anfechtungen einer einflußreichen Denkweise geschlossen, welche die Offenbarung leugnete; sie trafen selbstverständlich auch immer das Ansehen der Bibel. Mögen diese Angriffe uns heute wenig gefährlich erscheinen; sie sind in ihrer Zeit nicht weniger wirksam gewesen als die gegenwärtigen, denn sie wurzelten eben in der Denkart des damaligen Geschlechtes. Und wenn man durch die Form hindurchschaut, findet man meistens die neuen Feinde unter einem alten Gesichte. Die Fügung Gottes scheint also doch auch an diesem Flecke uns eindrücklich zu machen: „was du ererbt von deinen Vätern hast, erwirb es, um es zu besitzen". Und wenn wir meinen, vor uns stünden andre Aufgaben und diese Streitigkeiten lähmten unsre Kirche in der Lösung derselben, so wird man auch aus den Fügungen des Einzellebens lernen können, wie oft sich uns Aufgaben aufdrängen, die uns an der Erreichung unsres Hauptzieles zu hemmen scheinen; aber sie sind unabweislich und zuletzt erhellt es, daß die Arbeit an ihnen uns förderlicher war, als wir meinten. Es wird den einzelnen und es wird der gesamten Kirche dienlich sein, wenn diese Streitigkeiten alle mit neuem Eifer in die Bibel hinein treiben und uns davor bewahren, eine herkömmliche Summe von biblischen Stoffen und eine überkommene Schätzung und Behandlung der Schrift mit dem eigenen Erwerb und dem rechten Auskaufen des Schatzes zu verwechseln. Nehmen wir also auch diese Streitigkeiten aus Gottes Hand und versagen uns jede Verstimmtheit.

Auch womöglich jede Gereiztheit wider einander. Freilich ist das leichter, wo man durchaus fremdartige Gegner vor sich hat, wo jede Aussicht persönlicher Verständigung im voraus fehlt und man es deshalb nur mit der Sache zu thun hat; wir aber haben es mit Gliedern unsrer Kirche zu thun, und zwar mit solchen, welche sich als dankbare Glieder derselben bekennen und an deren Gesinnung zu zweifeln wir kein Recht haben. Diese Anerkennung schließt allerdings nicht aus, daß wir ihre Theologie nicht teilen und je nachdem auch ihr Auftreten mißbilligen. Aber auch dann und ihnen gegenüber können wir sachlich streiten wie mit grundsätzlichen Feinden. Dazu gehört vor allem, daß man seiner eigenen Sache vertraut und daher, so zu sagen, mit gedecktem Rücken kämpft. „Okkupieren wir nur Terrain, was wir soutenieren können"; sorgen wir dafür, daß wir nicht eigene Unsicherheit und Unklarheit durch Heftigkeit der Versicherung und Geräusch des Angriffes decken müssen oder unwillkürlich decken, dann kommt sichere Ruhe in unser Verhalten. Vergessen wir nicht, daß die „wir" auch nicht ein gänzlich gleichartiges Ganze ausmachen; wenn man sich über die hier erörterten Fragen genau aussprechen muß, so wirkt bei der Auffassung immer die Stellung zu einem Geheimnis mit; und über den Ausdruck für ein solches kommt man nicht leicht überein; denn alle Offenbarung bleibt in der Art ihres Vollzuges ein Geheimnis, so leicht und klar sie ihren Inhalt machen mag. Und ist es uns wirklich nur darum zu thun, den Beunruhigten und (im Sinne des biblischen Ärgernisses) Geärgerten Schutz und Kräftigung zu bringen, so wird es uns verziehen werden müssen, wenn wir gelegentlich „brennen" (2. Kor. 11. 29); doch müssen wir uns selbst geprüft haben, ob wir aus Liebe brennen. Die Liebe braucht ja nicht weichlich zu sein; sie kann in voller Achtung auch kräftig zufassen.

Haben wir auf diesem Punkte ein gutes Gewissen, dann werden wir auch unsre Gegner ersuchen dürfen, von der Losung des „Kampfes für die Wahrheit" einen mäßigeren Gebrauch zu machen. Die Untersuchungen, aus denen man schließt, gehen doch insgesamt auf Thatsachen der Vergangenheit, also auf Wirklichkeit, wenn auch vergangene, und nicht auf Wahrheit. Gewiß hat die Wahrhaftigkeit mit der Anerkennung der Wirklichkeit zu thun; aber wer hat denn die Wirklichkeit ohne die Vermittelung seiner eigenen Auffassung? Und nun vollends, wo Thatsachen der Vergangenheit, vielfach sogar nicht eigentlich beurkundete Thatsachen erforscht und beurteilt werden. Die Arten wechseln, in denen man diesen Gegenständen des Forschungstriebes beizukommen sucht; die Gesamtanschauung hat einen großen Einfluß auf ihre Handhabung und es ist wohl manches Mal, ohne daß das klar zum Bewußtsein kommt, die Gesamtanschauung eines „längst überwundenen" Meisters und seiner Schule in ihren Nachwirkungen. Wenn dieses im voraus Gegebene dann den eigentlichen Grundzug der „Wahrheit" ausmacht, dann mag die Wahrhaftigkeit der Anhänger dieser Auffassungen in allen Ehren bleiben, aber man überschreitet das „soutenierbare Terrain", wenn man uns unterichtet, der Umgang mit dieser Wahrheit werde uns die Augen öffnen. Was man uns bietet, ist ja nur ein bei jedem Forscher sich etwas abgestaltendes, sehr fragwürdiges Bild einer möglichen dahingeschwundenen Wirklichkeit. Und nicht wenige haben den Eindruck, der unaufhörliche Verkehr mit diesen sich nach jeder neu erscheinenden Abhandlung ändernden angeblichen „Wirklichkeiten" mache in bedenklicher Weise doppelsichtig, so daß die unklaren Massen sich vor den Augen bald zu Gestalten ballen, bald in Nebel auflösen.*)

Man lasse uns Alte, die sich ja auch um diese Dinge gekümmert haben, bei unsrer etwas minderen Ehrfurcht vor dieser neuen „Wahrheit". Wir unsrerseits wollen uns unsres „Kleinglaubens" nicht schämen, den man uns öffentlich bescheinigt, denn jeder soll von sich mäßiglich halten nach dem Maße des Glaubens, das ihm Gott zugeteilt hat (Röm. 12, 3), und eine künstliche Erhitzung wäre ja noch keine Kraftsteigerung. — Dann werden wir mit einander über die Wahrheit des Heils und über die Wege Gottes zu ihrer Mitteilung verhandeln können.

Durchaus kann ich mit empfinden, wenn viele von einer gewissen Entrüstung erfaßt werden, sobald sie von den gangbar werdenden Urteilen über die Entstehung und Beschaffenheit der einzelnen Stücke der Bibel sowie der Religion des Alten Testamentes vernehmen. Sie gleicht der Entrüstung, die man bei der laut werdenden Geringschätzung eines Glaubensvaters empfindet. Freilich muß man den Brüdern immer versichern, daß bei ge-

---

*) Ein nicht der orthodoxen Vorurteile verdächtiger Beobachter sagt von den Forschern auf dem Gebiete der Vorgeschichte und Mythologie: „Wer sich damit beschäftigt, wird leicht phantastisch und weich. Das Studium solcher Urzeiten wirkt wie orientalischer Mohnsaft. Die Arbeit unter diesen schillernden Gebilden, welche im Dunkel aufleuchten und wieder verschwinden, verführt zu ungeregeltem Combinieren." Gust. Freytag, d. verlorene Handschrift. 19. A. B. 1 S. 17.

nauerem Zusehen sich diese Stimmung mildern wird; wir sind alle geneigt, die Art, wie wir unsre Achtung ausdrücken, mit den Sachgründen derselben zu verwechseln. Unsre Vorfahren nahmen an, man könne die Offenbarung im Alten Testamente nicht erkennen, wenn man nicht erweisen oder doch annehmen könne, daß Patriarchen und Propheten das Geheimnis der Dreifaltigkeit gekannt hätten; ein so „positiver" Theologe wie der selige Oehler, dem viele mit mir das Beste zum Verständnis des Alten Testamentes verdanken, hatte gelernt, die Herrlichkeit der Offenbarung in ihrem Stufengange nachzuweisen, und seit Jahrzehnten belegt kein Theologe die Dreifaltigkeit aus dem Alten Testamente. Das ist e i n Beispiel neben anderen. Trotzdem teile ich die Stimmung gegenüber dem Ton und der Behandlungsart, welche bei der Bedenklichkeit und Unsicherheit der Ergebnisse weithin Brauch geworden ist. Aber gegenüber der Neigung zur Entrüstung möchte ich doch daran erinnern, daß der Jünger nicht über seinen Meister und die Bibel nicht über Christum ist; wenn das Wort in Jesu Fleisch geworden ist, so daß nur die zum Glauben Gekommenen seine Herrlichkeit sehen konnten, so wird und kann es mit dem Gotteswort durch Propheten und Apostel nicht anders sein. Hat Jesus die Unterschätzung und das Mißverständnis seiner, des Menschensohnes, verzeihlich gefunden (Matth. 12, 31 f.), so wird das auch von der Unterschätzung und dem Mißverständnis der Offenbarung in der Heiligen Schrift gelten. Nur muß in Ansehung beider die Grenze bei der Verkennung des Heiligen Geistes bestehen bleiben; wo das Walten des Menschensohnes und der Ursprung des Glaubens und des Zeugnisses, welches ihn verheißt und ihn verkündet, von unten abgeleitet und in seinem Anspruch auf den Wert der Offenbarung des Truges und der Täuschung bezichtigt wird, da ist die Grenze erreicht, hinter der Nachsicht und Erklärung unverantwortlich würde. Da wird jener Ton sittlicher Entrüstung auch für uns voll berechtigt sein, den die Altgläubigen heute nicht selten zu hören bekommen, wenn man sie bekämpft.

Kommt dergleichen nun thatsächlich vor, soll man deshalb auf **kirchliche Scheidung** drängen? So weit ich mich in der Geschichte umgesehen habe, ist mir kein Beispiel bekannt, daß eine kirchliche Scheidung auf die Dauer gegen das Eindringen geistiger Strömungen geschützt hätte; und eine solche ist hier in Frage. Gegen diese Gefahr helfen keine Bürgschaften, weder beschworene Bekenntnisse, noch kirchliche Einrichtungen; auch die Römischen waren um 1800 herum weithin rationalistisch. Die Bürgschaft dawider hat sich, so weit ich sehe, der Herr der Kirche selbst vorbehalten, indem er die Zeugen und die Erweckungen gibt. Und so halte ich für das wirksamste und einzig zuverlässige Mittel das treue, reichliche, geistlich lebendige Bekenntnis zu der redlich und demütig erfaßten Wahrheit. Es ist ja nicht mit dem Festhalten an einem Lehrsatze gethan. Mag ein Geschlecht sich daran binden, ein andres wächst nach, welches sich nicht binden läßt. Der Lehrsatz vom Ansehen der Schrift ist nur eine Anweisung darauf, daß es geltend gemacht werde; dazu gehört Verständnis und Einverständnis; gleichartiges Verständnis der Bibel und Einverständnis über ihre Behandlung; das folgt nicht aus dem Festhalten an Lehrsätzen, sondern ist Sache lebendiger Bethätigung, und bei dieser sind oft andre Einflüsse viel wirksamer als Lehrsätze. So lange die Gründung auf die Schrift als auf Gottes Wort an seine Kirche und die Behandlung derselben von dieser Stellung aus uns nicht verschränkt wird, halte ich auf deutschem Boden jede kirchliche Scheidung für ein Verlassen des Postens.*)

---

*) Man weise in dieser Frage nicht auf England, Amerika oder die französische Schweiz. Es kommt dabei sehr viel auf die geschichtlichen Voraussetzungen an. Dort regen sich mancherlei Bewegungen zur Zusammenfassung des Zerspaltenen, aber auch ohne das kann man beobachten, wie dort die Scheidungen auf die Dauer die Wechselwirkung nicht ausschließen. Diese Erscheinung wird denselben Grund haben, wie die Leichtigkeit der Bildung neuer Gemeinschaften; das ist in jenen Landen seit Jahrhunderten nichts Unerhörtes. Wer erwägen will, was dagegen bei uns, bei unsrer Entwickelung und Eigentümlichkeit, daraus werden mag, sehe sich die Geschichte der Altlutheraner genau an und zähle ihre Spaltungen, namentlich auch aus Anlaß der Verbalinspiration. Übrigens ist es ein altbewährtes Gesetz,

Mit der örtlichen Scheidung werden auch die anstaltlichen Schranken vor unsren Augen immer unwirksamer; es ist doch sichtlich Gottes Fügung, daß allerlei Volk christlichen Namens unter einander gemengt wird; wie geht es auf diesem Punkt doch auch in der Mission. Schon längst hat es innerhalb der evangelischen Kirchen und Gemeinden Scheidungen gegeben, die tiefer einschnitten selbst als die konfessionellen. Die Ärgernisse, die scheinbaren Christentümer mit ihrer Kraft, den Glauben kranken zu machen, sind der letzten Zeit zur Ausrottung vorbehalten (Matth. 13, 49). Duldung in diesem Sinne und Anerkennung sind sehr verschiedene Dinge. Es sind die Eroberungszüge (S. 63), um derentwillen wir das Feld für den Streit offen halten. Es sind die Übergänge, die sich in den Entwickelungen zwischen der Einheit des Glaubens und der Erkenntnis des Sohnes Gottes und der Leugnung des in das Fleisch Gekommenen (Eph. 4, 13; 1. Joh, 4, 2. 3) einstellen, um derer willen wir keine Schranken für die Anziehungsmacht des Geistes der Wahrheit aufrichten sollten. Die einzige Scheidung (S. 10), von der eine Segenskraft ausgehen möchte, scheint mir ein lebensvoller Zusammenschluß der Einmütigen im Gebet und in der Ausübung des Dienstes am Worte durch Wort und Schrift, an j e d e m Orte, heiße er Kirche oder Markt, Kanzel oder Katheder, Synode oder Konferenz; unsre Waffen sind nicht fleischlich (2. Kor. 10, 3 f.).

Viele einzelne Erscheinungen erwecken Bedenken; das ist zu allen Zeiten so gewesen; und wenn sich etliche beseitigen ließen, so würden andre auftauchen. Meiner Erfahrung nach beruhigt man sich über dergleichen nach etlicher Zeit. Womit wir es aber eigentlich zu thun haben, das ist noch etwas andres; es kommt mir schwer faßbar vor, wie ein Gespenst. Das ist jene Unsicherheit, wie man es mit der Bibel zu halten habe (S. 64): wie weit,

---

daß Erweckungsgemeinden in dem dritten oder vierten Geschlechte denselben Schwächen verfallen, die in den Kirchen aus dem Vorherrschen der Überlieferung folgen.

in welchem Sinne man sich noch auf sie stützen dürfe; ob, was man heute darüber sagt, übermorgen noch gelten werde. Das ist ganz ähnlich wie vor sechzig Jahren, als David Strauß geschrieben hatte. Und jene Beunruhigung führt dann ziemlich weithin zu einer Scheu oder zu einem Überdruß in der Beschäftigung mit diesem Buche. Schon Geiler von Kaisersberg hat von ihm gepredigt: „wer es für eine wächserne Nase hält, die man biegt, wohin man will, der sagt wahr", und nicht viele Jahrzehnte danach begann es, daß die Leute für die Bibel auf die Scheiterhaufen traten. — Lassen wir uns von der Geschichte eben sowohl ermutigen als warnen!

Dieses Unbehagen wandert zumal als ein unheimliches Gespenst mitten durch das junge Geschlecht. Gegen Gespenster gibt es nur ein Mittel, das ist die Wirklichkeit. Während der Unterhaltung spottet mancher über Gespenster, den es dabei heimlich überläuft; so verhält es sich oftmals im Wortstreit mit lauten Versicherungen über die ungewandelte Geltung der Bibel. Gegen jenes Gespenst des Mißtrauens in betreff der Schrift hilft allein der unmittelbare Eindruck im Umgange mit ihr selbst. Der fruchtbarste Streit liegt in der treuen Arbeit, die Bibel immer zugänglicher, immer verständlicher, immer fruchtbarer in ihrem Reichtume zu machen. Die Gesichtspunkte dafür geltend zu machen, ist eine lohnende Aufgabe für sich; sie nur im Vorübergehen zu streifen, das hieße ihr zu nahe treten. Manche werden neu zu finden sein; viele bieten einen immer umfassenderen und genaueren Einblick in die Geschichte dieses Buches der Bücher, von der selbst die dunklen Stücke lehrreich sind, während die lichteren von Segen triefen. Da gewinnt man denn den Eifer, in aller Schwachheit womöglich dazu beizutragen, daß dieser Geschichte sich in unsren Tagen ein neues, erfreuliches Blatt anfüge.

Und dieses Blatt wird sich anfügen, wenn wir den uns beschiedenen Streit über uns nehmen und nicht versuchen ihn kurzer Hand mit Gesetz oder Gewalt beiseite zu schieben. Fassen wir alle ihn an mit dem Bewußtsein, worum es sich handelt; mit der getrosten Zuversicht, daß die Zukunft der Kirche unser ist;

mit der Wahrhaftigkeit, in welcher der Mut des Glaubens sich auswirkt; mit der Freiheit, die den Kindern des Hauses bei dem Gebrauche des Hausrates zusteht; mit dem unermüdlichen Fleiße, der Achtung erzwingt; mit der Gewissenhaftigkeit, welche Mäßigkeit, aber auch Sicherheit im Urteilen begründet. Darin sind wir ja alle eins, daß wir das uns vertraute Pfund des Gotteswortes in Umlauf bringen wollen, damit es wuchere. Gelingt uns das, vielleicht aus dem neu gegebenen Antrieb besser als bisher, dann wird jede Anwandlung weichen, es ängstlich in das Schweißtuch von Lehrsätzen oder Kirchenordnungen zu wickeln, und vor dem Luftzuge ungeistlicher Beurteilung zu wahren, so daß kein Tüttelchen verloren gehe. Dafür ist ja gesorgt auch ohne uns!

A. Deichert'sche Verlagsbuchhandlung Nachf. (Georg Böhme), Leipzig.

Von Herrn Professor D. **Kähler** erschien ferner:

Der lebendige Gott. Fragen und Antworten von Herz zu Herz. 1894. 1 Mk. 20 Pf.

Die Universitäten und das öffentliche Leben. Über die Aufgabe des akademischen Unterrichts u. s. zweckmäßigere Gestaltung. 2 Mk. 40 Pf.

Wie studiert man Theologie im ersten Semester? Briefe an einen Anfänger. 2. Aufl. 60 Pf.

Der sogenannte historische Jesus und der geschichtliche, biblische Christus. 75 Pf. (Neue Auflage in Vorbereitung.)

Die Wissenschaft der christlichen Lehre vom evang. Grundartikel aus im Abrisse dargestellt. 2. umgestaltete Aufl. 11 Mk.; geb. 12 Mk. 75 Pf.

Die Versöhnung durch Christum. Ein Vortrag. (Zur Zeit vergriffen).

„**Altgläubige**" **und moderne Gläubige.** Eine populär=theologische Auseinandersetzung mit der Theologie der „Christlichen Welt". Von Prof. Lic. Karl Müller. 50 Pf.

Bachmann, Prof. Ph., Die wichtigsten Symbole der reformierten u. katholischen Kirche deutsch herausgegeben. 3 Mk.

Caspari, Prof. D. W., Die epistolischen Perikopen nach der Auswahl von Prof. Thomasius. 5 Mk. 50 Pf.; geb. 6 Mk. 70 Pf.

— —, Die evangelische Konfirmation, vornämlich in der lutherischen Kirche. 3 Mk.

— —, Die geschichtliche Grundlage des gegenwärtigen evang. Gemeindelebens aus den Quellen im Abrisse dargestellt. 2 Mk. 50 Pf., geb. 3 Mk.

A. Deichert'sche Verlagsbuchhandlung Nachf. (Georg Böhme),
Leipzig.

Caspari, K. H., Geistliches u. Weltliches zu einer volkstümlichen Auslegung des Kl. Katechismus Lutheri. 16., mit Bild und Biographie verf. Original-Ausgabe. 1 Mk. 60 Pf.; geb. 2 Mk. 10 Pf.

— —, Von jenseit des Grabes. Predigt-Jahrgang. 4. Aufl. 2 Mk. 80 Pf.; eleg. geb. 3 Mk. 80 Pf.

Cölle, Pastor Lic. R., Die genuine Lehre von der Kirche nach den Symbolen der evangelisch-lutherischen Konfession. 1 Mk.

Frank, Geheimrat Prof. D. Fr. H. R. v., Die Theologie der Konkordienformel historisch-dogmatisch entwickelt und beleuchtet. 4 Teile. 12 Mk.

— —, System der christlichen Gewißheit. 2. Aufl. 2 Bde. 16 Mk., eleg. geb. 18 Mk. 50 Pf.

— —, System der christlichen Wahrheit. 3. verb. Aufl. 2 Bde. 16 Mk., eleg. geb. 18 Mk. 50 Pf.

— —, System der christlichen Sittlichkeit. 2 Bde. 15 Mk., eleg. geb. 17 Mk. 50 Pf.

— —, Zur Theologie A. Ritschl's. 3. wesentl. erweit. Aufl. 2 Mk.

— —, Dogmatische Studien. 2 Mk.

— —, Vademecum für angehende Theologen. 4 Mk. 60 Pf., eleg. geb. 5 Mk. 50 Pf.

— —, Geschichte und Kritik der neueren Theologie, insbesondere der systematischen, seit Schleiermacher. Aus dem Nachlaß des Verf. herausgegeben von Pfarrer P. Schaarschmidt. 2. durchges. Auflage. Mit dem Bildnis des Verfassers. 5 Mk. 80 Pf., eleg. geb. 7 Mk. 20 Pf.

A. Deichert'sche Verlagsbuchhandlung Nachf. (Georg Böhme), Leipzig.

Müller, Prof. Lic. Dr. Nic., über das deutsch-evangelische Kirchengebäude im Jahrh. der Reformation. Vortrag. 60 Pf.

Naumann, Pf. F., Das soziale Programm der evang. Kirche. 2 Mk.

— —, Was heißt „christlich-sozial"? Gesammelte Abhandlungen. 7 Bog. 1 Mk. 40 Pf.

Ostertag, Pfr. E., Helfen und Heilen. Bilder aus der evang. Liebesthätigkeit vornehml. d. bayr. Landeskirche. 4 Mk. 80 Pf., eleg. geb. 5 Mk. 60 Pf.

Oettingen, Prof. D. Alex. v., Goethes Faust. 2 Bde. 6 Mk., geb. 7 Mk. 80 Pf.

— —, Das göttliche „Noch nicht!" Ein Beitrag zur Lehre vom heiligen Geist. 10 Bg. 2 Mk. 40 Pf.

Plitt, Prof. D. G. L., Geschichte der evang.-luth. Mission. Nach den Vorträgen des † Verf. neu herausg. und bis auf die Gegenwart fortgeführt von Diakonus Harbeland in Zittau. I. Hälfte 3 Mk. 50 Pf.; II. Hälfte 5 Mk.

— —, Grundriß der Symbolik. 3. Aufl. herausgegeben v. Prof. D. V. Schultze. 2 Mk. 40 Pf.

Schultze, Prof. D. V., Die altchristlichen Bildwerke. 60 Pf.

Seeberg, Prof. D. R., Der Begriff der christlichen Kirche. I. Studien zur Geschichte des Begriffs der Kirche. 3 Mk.

— —, Brauchen wir ein neues Dogma? 60 Pf.

— —, Lehrbuch der Dogmengeschichte. I. Hälfte: Die Dogmengeschichte der alten Kirche. 21 3/4 Bogen. 5 Mk. 40 Pf.

Stählin, Konf.-Rat Leonh., Christentum und heilige Schrift. 60 Pf.

**A. Deichert'sche Verlagsbuchhandlung Nachf. (Georg Böhme),
Leipzig.**

---

v. Strauß u. Torney, Wirkl. Geheimrat V., Die Freiheit des Menschen. 1 Mk.

— —, Die Wunder im Neuen Testamente. 1893. 75 Pf.

— —, Beiträge zur Erkenntnislehre mit Beziehung auf die Offenbarung. 1 Mk. 20 Pf.

Vollert, Oberlehrer W., Gedankengang des v. Frank'schen Systems der christlichen Wahrheit. 1 Mk. 60 Pf.

Wiegand, Dr. Fr., Eine Wanderung durch die römischen Katakomben. Mit 5 Abbildungen. 75 Pf.

Wohlenberg, Lic. G., Die Lehre der zwölf Apostel. 2 Mk.

— —, Empfangen vom heiligen Geist — geboren von der Jungfrau Maria. Eine Schutz- und Trutzschrift. 60 Pf.

Zahn, Prof. D. Th., Das apostolische Symbolum. Eine Skizze seiner Geschichte und eine Prüfung seines Inhalts. 2. Aufl. 1 Mk. 35 Pf.

— —, Skizzen aus dem Leben der alten Kirche. 4 Mk. 50 Pf., eleg. geb. 5 Mk. 50 Pf.

— —, Der Stoiker Epiktet und sein Verhältnis zum Christentum. 75 Pf.

— —, Geschichte des neutestamentlichen Kanons. I. Band: Das neue Testament vor Origenes. 1. und 2. Hälfte. à 12 Mk. II. Band: Urkunden und Belege zum ersten und dritten Band. 1. Hälfte. 10 Mk. 50 Pf. 2. Hälfte. 1. Abt. 5 Mk. 70 Pf. 2. Abt. 10 Mk. 50 Pf.

— —, Das Evangelium des Petrus. Das kürzlich aufgefundene Fragment seines Textes aufs neue herausgegeben, übersetzt und untersucht. 1 Mk. 20 Pf.

Lippert & Co. (G. Pätz'sche Buchdr.), Naumburg a/S.